叱らない、ほめない、命じない。

あたらしいリーダー論

岸見一郎
小野田鶴 構成・編集

日経BP

はじめに

リーダーであることがつらい。
リーダーになんてなりたくない。

今の時代は、そういう人のほうが多いようです。しかし、誰かがリーダーという役割を引き受けないことには組織は機能しません。

アドラー心理学を研究してきた、哲学者の岸見一郎さんは、リーダーであることがつらい、リーダーになんてなりたくないという人たちの存在を「肯定したい」といいます。

なぜなら、リーダーという仕事は、やりがいはあるものの難しい仕事であり、その難しさがわかっているならば、尻ごみするほうが自然である。だから、出世できてうれしいと無邪気に喜ぶ人よりも、尻ごみするくらいの人のほうが、いいリーダーになれると考えるからです。

そんな岸見さんが「先生」として、リーダーになって困惑するさまざまな人たちの悩みや疑問に答え、語り合った対話を記録したのが本書です。

次のような悩みが立ち現れます。

●これまでの仕事ぶりが評価されてリーダーに指名されたのはうれしい。しかし、これから自

分がリーダーの役割をうまく果たせるかと考えると不安である。
●自分の何気ない発言や行動が、部下を傷つけ、パワハラになってしまうのではないか。
●責任感に乏しい若手や頑固なベテランなど、多様な個性を持つ部下にどう接し、それぞれの強みをどう引き出していけばいいのか。
●経営陣から課される売り上げや利益の目標を達成するには、部下に無理を強いなくてはならず、板挟みになって苦しい。
●出世競争に邁進する上司や同僚の心ない言動に傷つく。

これらは多くのリーダーが体験する課題だと思いますが、一律にこうすればいいというマニュアル的な解答はないと思います。人間が多様性に富んだ存在で、多様性を生かすのがこれからの組織のあり方だとすれば、これらの問題は当然、個別具体的に異なる形で現れます。ただそこに原理原則というものはあるというのが、哲学者である「先生」の主張です。重要な前提が、一つあります。

◎リーダーと部下は対等である。

リーダーと部下は役割の違いにすぎず、人間としては対等である、ということです。

ここで、「部下」という言葉遣いに、違和感を覚える人もいるかもしれません。部下という言葉遣いは、上下関係を前提にしています。対等の関係を主張するのに、リーダーと部下という言葉遣いはおかしいのではないか、と。

現に企業でリーダーの役割を担っている方から、こんな意見をいただきました。

「リーダーという言葉には、職位と関係なくメンバーを牽引する能力や意欲を持った人、というイメージがある。そういうリーダーに対して『部下』という言葉は合わない気がする。チームのメンバーを『部下』と思っている人は、リーダーになれていないのではないか」

その通りだと思います。

ただ本書を編纂するにあたって、先生にリーダーとしての悩みを打ち明け、自己開示してくださった人たちの背景には、自分としては対等でありたいと思っても、どこかで上下関係を前提としている組織の仕組みや慣習、人々の意識に影響を受ける部分が色濃くありました。そんな切実さを伝えるため、本書では基本的には「リーダーと部下」という言葉を使いたいと思います。社会全体のあり方が今後、人と人との関係をより対等なものにする方向に向かえば、このような言葉遣いもおのずと変わっていくのかもしれません。

話を本筋に戻せば、「リーダーと部下は対等である」ことの論理的な帰結として、リーダーは次の三つの原則を守らなくてはならないと、先生は主張します。

◎部下を叱ってはいけない
◎部下をほめてはいけない
◎部下に命令してはいけない

このような主張に、疑問を感じる人は多くいると思います。

叱らず、ほめず、命令しないで、リーダーの役割が務まるものか。そもそも、叱らず、ほめず、命令しないのなら、リーダーとしてやるべきことなどほかに残っていないのではないか。リーダーにどんな役割を求める主張なのか、と。

逆に、さほどの驚きを感じない人もいると思います。

先生の主張は、経営の世界で近年、よく耳にするようになった「サーバント・リーダーシップ」や「エンパワーメント」、「心理的安全性」といった言葉で表現される、リーダーや組織のあり方の理想像と重なるところがあります（この点については本書で後述します）。

実際、先生のアドバイスを受けて、リーダーとしての悩みや疑問が解消したという人は多くいて、そのなかには起業して組織を成長させ、経営者として活躍されている人もいます。

そこを知りたいという方は、すぐに本論を読んでいただければと思います。第1部では、さまざまな現場でリーダーの役割を担う人たちの悩みに、先生が答えてきた対話をまとめました。第2部は三人の起業家との対話です。

その前に、「リーダーであることがつらい」「リーダーになんてなりたくない」という人についての、先生の考察とアドバイスを書きとめておきたいと思います。

リーダーになるのがつらいのは、なぜか？

現代の組織におけるリーダーの役割は、次のようなものだと考えられます。

◎部下（ないしメンバー）が創造性を発揮し、仕事にやりがいを感じられるという意味において幸福であれる環境を整えること。

そのような現代の組織で、「リーダーになんてなりたくない」「リーダーであることがつらく、リーダーなんてやめたい」と思う人がいるとすれば、大きく分けて二つの可能性があると先生はいいます。

一つには、そもそもリーダーになる前から、仕事がつらい。

もう一つは、リーダーになるまでは感じることができた仕事のやりがいや、仕事を通じて得られた幸福が、リーダーになることで失われるのではないかと思っている。

前者のケースから考えてみます。

仕事を通じて得られる幸福とは、「貢献感」だと、先生はいいます。「自分が誰かの役に立っている」と思えることが、幸福であるということです。もっといえば、仕事に限らず、あらゆる幸福は貢献感から生まれるというのが、アドラー心理学の考え方です。仕事における貢献感と幸福とは、「やりがい」や「働きがい」と言い換えることもできるでしょう。

部下としての仕事にやりがいが感じられなくてつらいとすれば、リーダーになる意欲など持ちようがありません。

なぜなら、リーダーの仕事は、部下の仕事より明らかに難しいからです。

まず、「部下が創造性を発揮できる場を整える」という仕事が、部下として創造性を発揮するより難しい。さらにリーダーには、いついかなるときにも徹底して「理性的な判断」が求められます。しかし、理性で考えても答えが出ないことはたくさんあります。正解のない世界で理性に裏打ちされた判断を下すのが、リーダーの役割です。そこで間違えたなら、不完全である自分を認めて、撤退する勇気を持てなくてはならないと先生はいいます。

これは本当に難しい仕事で、大きな責任を伴います。

とすれば、部下としての仕事だけでもつらいのに、もっと大変な仕事をするなんてとんでもない。給料が上がるといったメリットを差し引いても、「出世なんてしたくない」という人が出てくるのは当然かもしれません。

仕事の幸せと家庭の幸せは両立しないのか？

このような「リーダーになる前から仕事がつらい。だからリーダーになりたくない」という人には、次のような誤解があるかもしれないと先生は指摘します。

人生には、仕事よりも大事なものがあるのではないか。

例えば、家庭だとか恋愛、趣味といったものを、仕事よりも人生において大事なものだと捉えていて、それらの幸せと仕事の幸せが両立しないと思っている。だから、わざわざ大変な仕事を引き受けようとは思わない、ということです。

確かに、仕事よりも大事なものがあると先生はいいます。

それは端的にいえば幸せです。

どこが誤解かといえば、仕事では幸せになれないと考えているところです。仕事の幸せと幸せは両立しうる。ただし、そのためには仕事に対する考え方を変えなければなりません。

仕事に対する考え方を、どのように変えるのか。

「貢献に焦点を合わせる」ことです。

「貢献に焦点を合わせる」とは、経営学者のピーター・ドラッカーが、組織において成果を上げる要諦として説いた言葉でもあります。

しかし、アドラー心理学を探求した先生は、個人が幸福になるために必要なこととして「貢献に焦点を合わせる」ことを説きます。

アドラー心理学では、自分に価値があると思えない人は幸せにはなれないと考えます。そして、自分に価値があると思えるのは、自分がなんらかの貢献をしていると感じられるときです。典型的なのは、「ありがとう」といわれたときの喜びです。

「ありがとう」といわれればもちろん、うれしいですが、「ありがとう」といわれなくても、「自分は今、何かの役に立っている」と自分自身で思えるのなら幸せになれるというのが、アドラー心理学の考え方です。

どんな過酷な状況に置かれても、貢献感を持つことは可能です。だから、どんな過酷な状況に置かれても幸せになれると考えます（ただし、これはリーダーが自分の仕事に貢献感を持てるかを問うているので、部下に過酷な仕事でも貢献感を持てというのは間違いだといいます）。

幸せとは、人生におけるすべての時間が幸せであること

心理学者のヴィクトール・フランクルは、ユダヤ人としてアウシュビッツに囚われ、奇跡的に生還した体験を記録した著書『夜と霧』（池田香代子訳／みすず書房）で、次のようなエピソードを紹介しています。

アウシュビッツに囚われて自殺願望を口にするようになった多くの同胞たちに、フランクルは精神的ケアを試みました。そのなかにうまくいったケースが二例あり、とても似通っていました。

一例は、愛する子どもが外国で自分の帰りを待っていたケース。

もう一例は、どうしても書き上げたい本がある研究者のケースでした。

この二人は、自分がほかの誰かにとって、「余人に代えがたい存在」だと感じることができたのだと、フランクルは指摘します。だから二人は、死を選びたくなるほど過酷な状況のなかで、未来に希望を持つことができたのだと考察しています。貢献感がもたらす幸福の究極的な形かもしれません。

仕事の話に戻れば、今、取り組んでいる仕事が、どんなに困難なものであっても、そこに貢献感を持てるなら、幸せになれるはずです。それに現実問題として、人生において多くの時間

を割く仕事が、ただただ苦痛であったら、人生そのものが幸せではありえないはずです。仕事の時間の苦痛から逃れようとして、家庭や恋愛に幸せを求めたとしても、本来的な意味での幸せではありえません。

幸せであるということは、人生におけるすべての時間が幸せであることだと、先生はいいます。

現場の仕事には手応えのある「幸せ」が存在する

一方、後者のケースはどうでしょう。リーダーになるまでの仕事にはあったやりがいが、リーダーになることで失われるから、リーダーになりたくないというケースです。

例えば、子どもと接することが大好きな教師が、「教頭や校長に出世したくない」と考えたりします。あるいは、顧客と接することが大好きなレストランのスタッフが、「店長になりたくない」と考えたりします。

現場の仕事には多くの場合、確かな手応えのある「やりがい」が存在します。今、目の前にいる生徒の笑顔や、顧客からかけられる「ありがとう」といった言葉から得られる貢献感、幸福感はかけがえのないものです。そんな現場の仕事の幸せと比べたとき、リーダーという仕事が、やりがいの感じにくい、不幸せなものに思えてしまう。そういう構図です。

そこにも誤解があると先生はいいます。

今の現場の仕事にやりがいと幸せを感じられるなら、リーダーになっても幸せを感じられるはずだ、と。リーダーになれば、仕事の内容は変わります。教師であれば、「子どもを育てる」ことから、「子どもを育てる教師たちが、いきいきと創造性を発揮できる環境を整える」ことに変わります。それでも「仕事」であることには変わりがなく、環境を整えるという新しい仕事に貢献感を見出すことは可能であり、そこにやりがいと幸せを感じることは可能だということです。

それが難しいとしたら、いいロールモデルがないからだろうと、先生はいいます。

かつて自分が仕えた上司のやっていたことが、部下の自分たちが「創造性を発揮する環境を整える」こととはほど遠く、パワハラをしていた。とすれば、自分が「かつての自分の上司」のようになることに、やりがいを見出せないでしょう。

けれど、本当にそうだったのでしょうか。

「そうではない上司」もいたのではないでしょうか。

この本を読むあなたにとって、尊敬できる上司とは誰だったでしょうか？

思い出す人はいないでしょうか。

もしかしたら、その上司はその後、見事な実績を挙げて、経営トップの役割を担ったかもしれません。しかし、もしかすると華々しい出世はしなかった人かもしれません。どこかで権力闘争に敗れた人かもしれません。それでも部下であるあなたのことを、「ほかの誰かと取り替えのきく駒」としてではなく、「かけがえのない個人」として認め、その可能性を十二分に伸ばそうと、向き合ってくれた上司。そんなかつての上司を一人や二人、思い出せる人というのは少なくないと思います。

そういう上司たちが環境を整備してくれたからこそ、自分たちの「現場の幸せ」があった。そのことに思いを致すなら、今度は自分がその役割を引き受けるのは巡り合わせであり、必然であるかもしれない――。そう考えるに至った人が、リーダーの仕事が難しいことを理解したうえで、その役割を引き受けるなら、よきリーダーになれる可能性があると先生はいいます。そこには貢献感があり、幸せがあるはずだと。

付け加えれば、「かつての上司と同じようなリーダーになる必要はないのだ」と、先生はいいます。かつて自分が仕えたパワハラ「上司」とは違う、よりよい「リーダー」像を模索し、新しいロールモデルを示す。それも自分の役割なのだと思って、リーダーの仕事に臨んでほしい。そして幸せの本来の意味からいえば、そのことでリーダーであるあなた自身も幸福になれるはずだと。

理想論と思われるかもしれません。

実際にそんな先生の主張に触れて、「哲学者であるから、理想論に走りすぎているのではないか」というぶかしむ「わたし」が、先生のもとを訪ねるところから本書は始まります――。

CONTENTS

第2章

多様なメンバーに、リーダーとしていかに向き合うか？

第1部

自信が持てない「心若きリーダー」との対話

Prologue

序章

「わたし」は困惑していた。困惑しながらも、胸の高まりを抑えることができなかった。しかし、未来に目を向ければ不安しかないようにも思える。

今日、人事異動の内示を受けた。わたしは来月から、現在、所属する十数人の人員から成る部署の課長に昇進するという。これまで同僚として接してきた人々の上に立ち、指示を出すのだ。わたしはみなから「課長」と呼ばれるのであろうか。面はゆいようで誇らしさもあり、しかし、同僚たちの顔を一人ずつ思い浮かべながら、あの人が果たして本当にわたしのことを、相応の敬意を持って「課長」として尊重してくれるものかと順繰りに考えると、不安が募る。

遅い昇進だった。数十人いた同期入社の社員のなかで、おそらく十数番目か、二十数番目。すなわち「中の下」といったところではないか。今では同期と顔を合わせることもめっきり減ってしまったので、正確な数字はわからないが、このたびのわたしの昇進が比較的、遅いものであることは間違いない。

なかなか昇進できないことが気にならなかったといえば嘘になる。だが、気にしていないようにふるまってきた。それが自尊心に発する強がりではないかと問われれば、そのような側面があることも否定できない。


あれは何年前だったか、同じ部署で、自分より若い同僚が課長に昇進する場面に出くわしたことがあった。

あのときは胸がざわついた。驚きでもなければ、嫉妬とも違った。自分の胸のなかに醜悪な顔をした小鬼が現れ、ざわざわと蠢《うごめ》くような感覚。あの不思議で不快な感覚は今も覚えているし、その後も時折、蘇った。

あの後輩と自分を比べれば、仕事そのものの力量は同等であったと思う。実力と実績において、部署のなかでトップであるのは、わたしと彼であったと誰もが認めていたはずだ。しかし、上長が次の課長として選んだのは、彼であった。

自分に何が欠けるのか——。

わたしは人付き合いが苦手だった。それゆえに就職活動でも苦戦し、心を病んだ。

そのとき、大学の恩師から、哲学の研究者仲間だというカウンセラーを紹介してもらった。その後、その先生のもとにカウンセリングに通いながら、就職浪人して再度、就活に挑み、どうにかこうにか内定を得たのが、今の勤務先だ。

先に昇進した後輩は、上司に取り入るのがうまかったように思う。上司と一緒にゴルフもすれば、喫煙室でよく雑談していた。そんな雑談の合間に、職場のメンバーが抱えている課題や悩みを、上司に報告、連絡、相談して、巧みに解決の道筋をつけてしまう。そんな彼を頼りにする若いメンバーもいることを、わたしは知っていた。ゴルフもしなければ、煙草も吸わないわたしには到底、できない芸当だ。仮にわたしがゴルフや煙草を嗜《たしな》んでいたとしても、彼のようにはできない。その点について、わたしは彼に敬意を抱くと同時に、どこかで「ずるい」と感じていたことも否定できない。だが、そんな彼を「ずるい」と感じる自分のことが誰よりも嫌いで、胸がざわついた。

「子どものこともあったからなあ」――内示を受けて、家路についた帰り道、夜道をぶらぶらと歩きながらつぶやいた。

一人息子が小学校に上がってしばらくして、いじめに遭った。やはり自分に似て、人付き合いが苦手なのだろう。だからといって、気が弱いというわけでもなく、いいたいことは空気を読まずにいってしまうタイプだ。そんな息子の言葉の端々には、同級生にとっては鼻につくものがあるらしかった。仲間はずれにされたり、登校すると机に悪口を書かれていたりしていたのだと、後から知った。

「社会の常識や規範にとらわれることなく自由に、自分の頭で考えられるような子どもに育ってほしい」——夫婦でそう語り合いながら育ててきた一人息子だったが、そのために小学校に適応できなかったのかと思うと、申し訳なかった。

負けず嫌いの息子は、しばらくは気丈に学校に通っていたが、やがて登校することをやめた。家にこもるようになってしばらくすると、人生で初めて感じた理不尽に対する怒りを、親のわたしに激しくぶつけるようになった。その後、親子で喧嘩したことは数知れず、マイホームにはそんな「戦争の傷跡」がいくつか残っている。

「久しぶりに、先生に会いにいってみようか」——わたしは、ふと思いついた。

息子の問題で悩んでいた折、学生時代にカウンセリングを受けた先生を再訪した。しばらく親子でカウンセリングを受けるうち、わたしにも息子にも変化があり、息子は今、相変わらず「変わり者」という位置付けではあるものの、学校でそれなりに楽しくやっている。

しかし、わたしは不器用である。

もともとは仕事熱心なタイプだったが、そうやって息子と真正面から向き合った数年間は、息子のことで精一杯で、以前のように仕事に情熱的に取り組むだけの余裕はなかった。何よりまず、仕事にかけられる絶対的な時間が足りなかった。わたしは、残業が比較的少ない部署への異動を希望し、その希望は叶えられた。それが、昇進が遅くなったこととなんらか関係していないわけはないだろう。

別に出世したかったわけではない。家族三人、幸せに暮らしていけるだけの稼ぎが得られて、自分なりに誇りを持って仕事に取り組めるならいいではないか。特に、息子の問題が解決したここ数年は、そう思って働いてきた。仕事にかけられる時間もエネルギーも取り戻した「わたし」の実績は、控えめにいって悪いものではなかったし、部署でトップクラスであったかもしれない。

しかし、わたしは依然として、人付き合いが苦手であったし、まして上長に取り入るなどという芸当はできないどころか、やりたくもない。今のまま、出世などしなくいいから、一つひとつの仕事を真摯に丁寧にやっていこう。

そう思っていた矢先に、課長昇進の内示を受けた。内示を受けて、自分の胸が高鳴ったことに、何より驚いた。自分のなかに、いまだ出世を喜ぶ気持ちが残っていたのか。しかし、人付き合いの苦手な自分に課長など務まるものだろうか。自分が課長になったことで、同僚たちにかえって迷惑をかけてしまうのではないだろうか……。


「やっぱり、先生に会いに行こう」——わたしは決意した。

最後にカウンセリングを受けた後、先生を取り巻く環境は大きく変化したようだ。ある一冊の著作が世界的なベストセラーとなり、講演の依頼も世界中から舞いこんでいるらしい。

先生は、最近、新しいリーダーシップのあり方を説いているという。「民主的なリーダーシップ」と、先生は名づけているらしい。そんな先生が初めて、リーダーシップをテーマに著したという本を読んで驚いた。

◎リーダーと部下は「対等」である
◎部下を叱ってはいけない

◎部下をほめてはいけない
◎部下に命令してはいけない

なんと挑戦的な主張であることか。部下に命令もしなければ、叱らず、ほめずに、課長の仕事が務まるものか。先生は哲学者であるから、理想論に走りすぎているのではないか。そういぶかしく思う半面、心惹かれるところもあった。

「リーダーと部下は、役割は違えど、人間としては対等」――その通りだと思う。そうでありたいと思う。

先生の助けを借りながら、息子と真正面から向き合って痛感したのは、「子どもを一人の人間として認める」「対等な人間として対話する」ことが、どれほど重要で、親子の関係を劇的に変えてくれるかという事実だった。もちろん、よい方向に劇的に変わるのだ。ただ「子どもを対等の人間として扱う」という、たったそれだけのことで。

部下との関係においても、そうであるのなら、わたしは自分なりのやり方で「よきリーダー」になれるのかもしれない。

今こそ、先生に会いにいくべきだ！

先生が、今もわたしの相談に気軽に応じてくれるかはわからない。わからないけれど、思いついた以上は、試してみなければ後悔する。まずメールを出してみよう。もちろん、メールアドレスが変わっている可能性はある。メールに返事がなければ、手紙を出してみよう。なんなら、いつもカウンセリングを受けていた自宅を、ふらりと訪問してもいい。もしも引っ越していたなら、近所の人に転居先を聞いて回ろう。とにかく、今、先生に会いたい。

……一カ月後、わたしは先生の自宅を再び、訪問することになった。

第1章

職場の人間関係をよくする言葉かけと、悪くする言葉かけ

Dialogue 1 自信のない人こそ、よきリーダーになれる

――先生、ご無沙汰しております。

ご無沙汰しています、お元気そうですね。子どもさんは、どうされていますか。

――いやはや、その後、なんとか学校に通っています。なんともう中学生ですよ。あのときは何かと相談に乗っていただいて、本当にありがとうございました。

あの子にはどうも、気性の激しいところがありまして……。当時のわたしはその激しさを、ただただ抑えつけようとしていたように思います。けれど、先生から「子どもと自分は対等の人間である」ということを教わってから、子どもとの関係

性が少しずつですが、確実に変わっていった実感があります。いや、それでもやっぱり親の悪いクセで「上から目線」になってしまうときはあって、ときどき子どもから怒られるのですが。

ところで、今日は仕事の悩みを相談したくて、やってきたのです。

どんな悩みでしょうか。

――何の因果か、管理職になってしまいました。ご存じの通り、仕事は好きですが、ずっと専門職を希望していて、出世に興味はありませんでした。管理職になると多くの部下をマネジメントする必要があります。わたしは人見知りで人間関係が苦手なこともあり、正直、うまくやっていく自信がありません。

そうですか。しかし、**自信のある上司なんて困りものだと思います**よ。

――えっ、どうしてですか。できる上司といえば、どこかカリスマ性があって矢

継ぎばやに指示を出し、部下をぐいぐい引っ張っていくもの。そんなイメージがあります。

自信がある人は、独善的になってしまいます。他人の意見、部下の意見を聞かないで、自分のいっていること、していることは絶対に正しいと思ってしまうのです。

自信がないことそれ自体が「いい」とは必ずしもいえませんが、自分の判断が唯一絶対ではないかもしれない、ということをいつも振り返ることができるリーダーのほうが、そうでないリーダーより、優れたリーダーになりうると、わたしは思います。

——本当ですか？　わたしにはとてもそうは思えないですが。上司のわたしに自信がなければ、部下は「頼りない」と思って、ついてきてくれないと思います。わたしが部下だったとしても、自信がない上司なんてご免です。やはりリーダーとは「リーダーになりたい！」「人の上に立ちたい！」という意欲がある人がやるべきで、わたしのように、心のどこかで「リーダーになりたくない」と思っていて、

チームを率いる覚悟もない人間が中途半端な気持ちでリーダーになるのでは、メンバーも困ってしまうと思うのです。

今日、相談にいらしていただいたあなたもそうですが、誰もがリーダーになりたいと思って、リーダーになるわけではありません。管理職になりたいと思って、なるわけでもない。自分がしたくなくても引き受けなければいけなくなる、ということは多々あります。

――ええ、困ったことにそうなのですよ。心のどこかで「リーダーになんてなりたくない」と思っているのは何もわたし一人ではなく、今どきの若手社員は大抵そうです。わたしだって、課長に出世すると内示を受けて一瞬、うれしい気もしましたが、よく考えてみれば、責任ばかり負わされるわりにはたいして給料も上がらないのです。役員や部長から無理難題を押しつけられて、メンバーとの間で板挟みなって苦しむ同期の姿も見てきました。だから、今はなんだか複雑な気分です。

ローマ皇帝のマルクス・アウレリウスをご存じですか。

――ええ、名前くらいは……。五賢帝の一人ですよね。ローマ帝国の全盛期を築いた。

彼は哲学者として生きることを望んでいましたが、皇帝として生きることを自分の運命として受け入れ、皇帝の仕事に全力を挙げて取り組みました。もしもアウレリウスが、最初から何も悩むことなく皇帝になっていたら、彼の治世はまた違ったものになっていたかもしれません。

だからわたしは、あなたが**さまざまに悩んだ末にリーダーの役割を引き受けるならば、優れたリーダーになりうる**と思うのです。

――リーダーになりたくなくても、引き受けなければならないときがある。「運命を受け入れよ」と先生はいいたいのですね。

しかし、今、管理職になるのは本当に大変です。

先ほどの話と矛盾するかもしれませんが、組織の統廃合が進み、ポストが限られてくるなかで、どんな手段を使ってでも出世したいと思っている人もいます。そういう人にはねたまれ、悪口をいわれ、嫌がらせもされます。

ええ、実際にそうなのです。つい昨日、知ったのですが、わたしが課長の内示を受けたと聞きつけて、まだ課長になっていない同期が、いわれのない噂を、うちのチームのメンバーに流しているのです。先生はよくご存じですが、わたしは子どものことで悩んだとき、残業の少ない部署に希望して異動したではないですか。それを捉えて「あの人はワーク・ライフ・バランス派で、面倒なことは全部、他人任せにする困った人なのだ」などと。さらに許しがたいことには「あの人の子どもは、いまだに情緒不安定で暴れているらしいから、今も仕事どころじゃないと思うよ」「あんな人を課長にした、経営陣の気が知れない」などと！

これには正直まいりました。ご存じの通り、そんなにメンタルが強いほうではないですから。でも、わたしもこれから課長になって責任ある立場に立つわけですから、悩んでいる姿をメンバーに見せるわけにはいきません。でも、本当はとてもつらいのです。

わたしの考えでは、管理職になりたいと思って、管理職になる人にあまりいいリーダーはいないものです。例えば、土下座をしてでも政治家になりたいと思って、政治家になる人が、いい政治家になるでしょうか。土下座をしてでも出世したい人が、いい管理職になれるでしょうか。

みんなから、ぜひ政治家になってほしい、ぜひ管理職になってくれ、ぜひ社長になってくれと請われて、「でも、自分はリーダーには向いていない、自信がない」と、ためらいながらも、「自分のことだけを考えてはいけない、自分はこの仕事を引き受けるしかないのだ」と思い至り、そのような役割を、自分の意志で、それも強い意志で、引き受けるような人でないと、いいリーダーにはなれないと思います。

だから、リーダーになる自信がないからといって、そのことを苦にする必要は全然ないと、わたしは思います。

――でも、会社には「出世したい」という人が思いのほか多くいて、そのためだったら、自分の考えを曲げてでも上司のいうことに従うといった人たちの姿を、わたしは見てきました。それこそ土下座をしてでも、上司の歓心を買いたいという人が本当にいるのです。

でも自分としては、そういうことをするのは本意ではないし、そうするのはつらい。だから、管理職としてチームを率いる自信もない、というわけです。

最近の若手が専門職志向で、管理職になりたがらないのも、そういうわたしたち、上の世代の姿を見ているからなのでしょう。
けれど、先生がおっしゃるように、そんなわたしがリーダーになることで、もしかしたらチームや職場を少しよくできる可能性もあるのかもしれません……。それでも悩みますが。

自分はああいう人になりたくない。だから、ならない。そう決心するしかないですね。

「無理をしてまで出世したくない」と口に出していうと、やはり、組織のなかで軋《あつ》轢《れき》というか、摩擦が生じますけれど、それでも、そういうことをいう人が出てこないといけないと思います。

若い人たちが就職するとき、「自分はワードもできます、エクセルもできます」といって、「ほかの誰とも交換しうる存在」として、自分を売りこみます。けれど、そんなふうに自分を売りこんで就職しても、すぐに捨てられる、ということを若い人は知りません。

「ワードもできます、エクセルもできます」という若者と、「自分の信条を曲げてでも出世したい」という人は、まったく同じだと思います。

――「自分は、そうはならないぞ！」という管理職が出てくれば、若い人たちも変わっていくだろう、と。

そうですね……。いやわたしも、仕事が好きか嫌いかといわれれば、好きなのですよ。

だから、会社はもちろん、うちのチームにも課題がいろいろあると思っていて、その課題を解決したい、もっといいチームにしたいという気持ちはあります。

わたしが今まで見てきた上司には、部下の人格や仕事のやり方を全否定し、「とにかく俺のいう通りにやれ」という人たちが多くいました。部下に無理な目標を設定し、心も身体もすり減らせるような上司を見てきました。

彼らが全否定した部下の人たちは、それぞれにいいところがありました。もちろん完璧な人ではなかったかもしれないけれど、その人の強みや得意なところをもっと見てあげて、そうやってチームのメンバーをモチベートして、やる気を引き出し、結果も出せるような組織にしてほしい――過去に仕えてきた上司たちに対して、そんな思いを抱いていました。

だから、自分がリーダーになることで、今のチームをよくするためにやりたいことはたくさんあります。組織のなかでこれまで光が当たっていないメンバーの力を引き出してあげたいのです。それをどうやって実行に移し、成果を上げていくのかと問われると、まだまだ自信はないのですが。

「得意なところをもっと見てあげて」「メンバーの力を引き出してあげたい」と今、おっしゃいましたね。**「見てあげる」「引き出してあげる」というのは、上下関係を前提とした表現で、相手を「対等」に見ている人の言葉遣いではありません。**

――ああ、確かに！……「対等」というのは、理屈ではわかっても難しいものですね。「あなたの強みを見てあげたいのです」と上司のわたしが善意からいっても、いわれた部下のほうは「なんだか『上から目線』の人だな」と思うかもしれません。実際、わたし自身がいわれたとしたら、そう感じる気がします。おそらくは無意識のうちに、ですが。

しかし、あなたが、先ほどおっしゃったような思いを持たれて、いいリーダーたろうとしているのなら、チームは必ず変わっていくでしょう。そして、あなたのようなリーダーが増えていくことで、世の中全体が変わっていくでしょう。

今のコロナ禍で、事業を縮小する会社は多いですね。わたしの知人も、勤める会社の大阪支社がなくなったそうです。「今まで自分が大阪でやっていた仕事は、全面的に東京に移管されることになった。だから、昨日、会社をやめた」というメールを、先日、彼から受けとりました。

その後の人生で、会社勤めをしていたらできなかったことをやりたいのだと、その人はいいます。晴耕雨読の生活をこれからするのだと。定年退職にはまだまだ早いのですが、自分を取り巻く状況の変化によって、否応なく自分の人生も変わっていくなかで、「一体、自分は何のために生きているのか」を考えると、「働くために生きているのではない」と気づいたのです。

もちろん、働くことがいけないわけではないですが、**幸福でなければ、働くことに意味はありません**。

わたしはかれこれ十五年前に心筋梗塞という病気で倒れ、それ以来毎日、「ワーファリン」という、血液を固まりにくくする薬を飲んでいます。

最初に医師から、「死ぬまで毎日、この薬を飲み続けなければならない」と告げられたときは、ちょっと、というか、かなりショックでした。もちろん、この薬を飲まなかったら即、死んでしまうということではないのですが、生き続けるかぎり、ずっと薬を飲み続けなければならない。

だからといって、わたしは「薬を飲むために生きている」わけではないのです。

薬を飲むことで健康であるために、もっといえば、幸福であるために生きているのであり、薬を飲むために生きているわけではありません。

――「働くために生きているのではない」「幸福になることのほうが重要だ」……。

今の言葉は響きました。わたしを含めて、そこを忘れている人がきっと多いのだと思います。とにかくお金を稼がないといけないので、仕事は仕事と割り切って自分を抑え、上司に合わせてとにかく働く。

これまでわたしが所属していた組織では、同じチームで働くメンバーの多くがあまり幸せそうな顔をしていませんでした。自分の信念や大事にしていることを曲げてでも、「手段は問わないのでとにかく結果を出せ」とか、「自分たちの利益につながるなら、取引先をある意味でだましていい」といった雰囲気さえありました。「こんなリーダーについていきたくない」と心の底では思いながら、面従腹背して

働く。幸せとは程遠い職場だったと思います。

働くために生きているのではない。幸福であるために働いているのです。「働いているけれども、つらい」とか、「働いているけれども、少しも生きがいを感じられない」「少しも幸福でない」というふうに思うのならば、それは、働き方に改善の余地があるということです。

職場のリーダーがとにかくワーカホリックで、「あの人は何を生きがいに生きているのだろう。ただただつらそうではないか」という人だったら、メンバーはどう思うでしょう。そのようなリーダーについていきたいとは、誰も思わないでしょう。だから逆に、「あの人は、どうしていつもあんなに楽しそうなのだろう。なんて幸せそうなんだろう」と、思ってもらえるようなリーダーにならなくてはいけないと、わたしは思います。

——なるほど、耳が痛いです。実は、わたしも結構、ワーカホリックなのですよ。自分では楽しみながら仕事をしているから問題ないと思っていましたが、考えてみると、周囲からはそう見えていないかもしれません。ドキリとしました。

Dialogue 2 叱らない、ほめない

――以前、先生から、子どもとの接し方についてアドバイスをいただいたとき、「叱ってはいけないし、ほめてもいけない」とうかがいました。上司と部下の関係でも、そうですか。

その通りです。

――親と子どもは、対等の人間であるということをわたしは先生に教わり、その考えに納得したことで、子どもとの関係は改善しました。リーダーと部下の関係も同じなのですね。

リーダーと部下は「対等」であり、リーダーは「力」で部下を率いるのではなく、「言葉」によって協力関係を築くことを目指すというのが、リーダーの本来、あるべき姿だとわたしは考えます。**「民主的なリーダーシップ」**と呼んでもいいでしょう。

——しかし、「叱る」のと「怒る」のは違うという考え方もあります。感情を交えて怒るのはいけないけれど、叱るのは上司として必要なことでありませんか。

今は何かと「パワハラ（パワーハラスメント）」といわれがちなので、わたしも正直、遠慮することがあります。それでも部下が間違ったことをしたときに、はっきり叱らないと間違いが正されず、同じミスが繰り返される可能性がある。だったら叱ったほうがいいのではないでしょうか？

叱るのは間違いだとわたしは思います。

そもそも怒ることと叱ることを区別することはできません。「怒っているわけではない。叱っているだけだ」という人がいますが、人間はそんなに器用ではありません。叱っているときには、必ず怒りの感情が伴っていると考えて間違いないでしょう。だから、叱ることと怒ることに区別はありません。

大事なのは、**怒りに代わるやり方を学ぶ**ことです。

最近はパワーハラスメントという言葉が一般的になって、以前ほど無邪気に叱る人は少なくなりました。それでも、今、あなたがおっしゃるように、叱ることが必要と考える人は多いと思います。

わたしは叱ることは必要でないと考えています。改善を求めなければならないことがあれば、言葉で伝えればいいのです。それも即効性を求めてはいけません。手間暇をかけていわないといけません。緊急を要することであったら止めないといけませんが、それですら言葉を使えばいいのであって、感情的になる必要はありません。

――でも、人間ですから、ついかっとなってしまうこともありますよね。それもダメなのですか。先生のおっしゃることは頭ではわかりますが、いざ実践すると、自分の心にストレスがどんどん溜まっていく気がします。それも不健康で、不健全で、「幸せになるために働く」という先生の主張に反する気すらします。いったいどうすればいいのでしょう?

あなたから以前、子どもさんのことでご相談を受けたとき、アルフレッド・アドラーの話をたくさんしましたね。フロイトとともに心理学を研究し、そして決別し、独自の「個人心理学」を構築した人物です。

――はい、ギリシア哲学とともに、先生が長く専門に研究してきたのがアドラー心理学ですね。わたしも、先生からアドラー心理学を教わって救われたところが多くあります。

アドラーは、「ついかっとなって」ということを認めません。「わたしは普段は温厚な人間で、決して我を忘れて感情的になるはずがない」といいたいのでしょうが、違うのです。

人間には自分の置かれている状況を瞬時に判断する力があります。例えば、喫茶店でウエイターに一張羅の上着にコーヒーをこぼされ、ついかっとして店中に響きわたる声で怒鳴ったとします。それは、**一瞬にして「ここで感情的になったほうが自分にとって得だ、謝らせるために怒ったほうがいい」と判断して、怒りの感情を作り出した**のです。

しかし、そのように怒りの感情を作り出して部下を叱りつけても、部下は反発するだけです。部下も自分のしていることの是非はわかっていますから、「そういういい方をしなくてもいいだろう」と思うでしょう。部下の行動を改善するはずが、かえって部下と険悪な仲になり、部下は上司のいうことをますます聞かなくなってしまいます。

――まあ、確かに「いわれなくてもわかっているよ！」というささくれだった気持ちは、わたし自身も若いころに覚えがあります。子どもにもよく「そんなのわかってるよっ！」と、怒られます。

しかし、「ほめてはいけない」という先生の主張は、「叱ってはいけない」という主張以上に、戸惑う人が多そうです。何しろ、わたしたちは「ほめて育てろ」といわれてきた世代ですし、職場の若い子は「僕はほめられると伸びるタイプなんです」なんて、冗談半分、本気半分でいってきたりします。「もっとほめてほめて」と露骨にいわれることだってあるのですよ。

わたしだって、頑張って成果を出して、上司にほめられたら、それはうれしいと思いますよ。それでも先生は、ほめるべきでないと主張される。

ほめることの問題点は二つあります。

一つには、ほめられるために頑張ろうとする人が出てくることです。上司からほめられた人たちは、無意識のうちに、上司からほめられることだけをするようになります。逆にいえば、ほめられないことは、何もしません。**ほめてくれる人がいないかぎり、自分の判断で動くことがなくなる**と、子育ての場面でも、職場でも、困ったことになります。

――「主体性の欠如」ということでしょうか。確かにほめられることが目的化すると、自分自身を成長させるためにアクションを起こすという意識は希薄になるかもしれませんね……。つまり「プロフェッショナルとして、より高いレベルの仕事をするために」という観点から行動しないようになる。それは問題です。

それでも部下をほめていないと、「あの上司はわたしの仕事ぶりをちゃんと見てくれていない」「わたしは正当に評価されていない」といった突き上げを受けそうです。いや実際、そういう突き上げを受けるのは、よくあることなのですよ。それでも本当にいいのでしょうか?

先ほど、ほめることの問題点は二つあるといいました。もう一つの問題はより重要で「対人関係の構え」の問題です。**ほめるというのは、縦の関係性です。上の立場の人が、下の立場の人に下す評価の言葉がほめ言葉**です。

例えば、カウンセリングに小さな子どもが同行してきたとして、親がカウンセリングを受けている間、静かに過ごせたら、「偉かったね」とほめる親御さんがいます。けれど、夫のカウンセリングに同行してきた妻には「偉かったね」とは、ほめないでしょう。それは、子どもと大人を対等に見ていないからで、子どもにしてみれば、「偉かったね」などといわれても、全然、うれしくないでしょう。

――つまり「対等の関係」でないから。リーダーと部下は「対等」であるというのが、先生の考えでしたね。そこは、わたしも共感するところです。

ですが、チームとしての意思決定においては、わたしがリーダーである以上、メンバーには、わたしが決めたことをちゃんと実行してほしいというのが、本音です。下手に対等な関係を保とうとすると、「わたしはこの方針が気に入らないからやらないよ」となってしまって、混乱しがちな気がします。それでも「対等の関係」を貫くべきなのでしょうか。

ええ。上司と部下は、役割は違えども、人間としては対等であることを前提に対人関係を構築していくべきです。とすれば、叱るのもほめるのも上下の関係ですから、そのような関係を構築するのは好ましいとは思えません。

部下にしてみれば、上司と「対等の関係である」と確信できたときに初めて、どんなことでも上司に打ち明けられます。失敗したときも隠さずに、これからどうしようかということを、上司に相談できる。逆にいえば、対等の関係でなければ、叱責を受けるのを避けるため、失敗を隠してしまうかもしれない。

——ああ、わかります。そうやって一人で抱えこんでしまう同僚というのが、職場では一番困るものです。

そうでしょう?

——結果として、上司と部下が「対等」であるほうが、成果は上がりやすいはずであり、したがって「叱る」ことも「ほめる」ことも、やめたほうがいいということなのですね。

Dialogue 3

「叱る」とは、どういうことか

――しかし先生、わたしには依然、「叱らない」「ほめない」というご主張に、得心できるようで、もやっとするところがあります。

「もやっとする」のは、どのあたりでしょう。

――なんといったらいいのか……。例えば、「叱る」というのは、どこからどこの範囲を指すのだろうといった疑問です。「叱る」ことの定義といいましょうか。

わたし自身は、後輩などを「叱る」ということは、もともとあまりしていませんでしたし、管理職になった今も、部下を「叱りつける」場面はほとんどないと思います。

もちろん心のなかで腹立たしいと思うことはあるのですよ。でも、今の若者はほめられて育ってきた人も多いようですから、頭ごなしに叱っても効果はないだろう。そんな合理的な判断から心掛けているのです。

ただなんとなく……「押しつける」というのでしょうかね。自分の考えを、部下や後輩に押しつけているように感じる場面があるのですね。

どんなときですか。

——部下に対して「どうして、こんなこともわからないのだろう？」と思ってしまう瞬間というのがどうしてもあります。それが言葉や態度に出てしまうというのでしょうか。わたしとしては、「叱った」つもりはないけれど、相手にしてみたら「叱られた」ように感じられるかもしれない、と。

そういうことは、往々にして起きます。

――例えば、昨日もこんなことがありました。同じチームのメンバーに、「これは、急ぎでお願いね」と、ちょっとした仕事を頼みました。数分もあれば、済む仕事です。それなのに数時間たっても全然、音沙汰がありません。それで、しびれを切らして、「あれは、どうなったの？」と尋ねてみると、ずっと全然、違う仕事をしていたというのです。

「この仕事が終わったらすぐ、頼まれた仕事に着手するつもりだった」ということでしたが、そちらは全然、急ぐ必要のない仕事です。さすがに少しムッとして、「いや、こういうときは、そっちは後回しにして、さっき頼んだ急ぎの仕事のほうを先にやろうよ」と、わたしは諭しました。

これなどは、「叱る」というコミュニケーションにはならないとわたしは思うのですが、相手の様子を見ると、少し萎縮していたようにも感じます。だから、向こうからすると「叱られた」ことになっているのかなあ、などと思いまして……。

そんなことを考えていくと、どこからが「叱る」ことになって、どこまでなら「叱ってない」ことになるだろうという疑問が湧いてきて、なんだかもやっとするわけです。これは、表面的な言葉遣いだけで判断できるものではなくて、そこに至る流れとかシチュエーションにもよるのだと思いますが……。

「叱った」ことになるかどうかは、相手がどう受け止めたかで決まります。だから、そのような場合は、相手に「今のわたしの言葉を、あなたはどう受け止めたか？」と、尋ねればいいのです。フィードバックをもらって、確かめることが大事です。

――先ほどの会話の後に、「あ、ごめん。今のわたしの言葉、きつかった？」と尋ねる、といった感じでしょうか。理屈としてはわかるのですが、わたしとしては気を遣うことになり、率直にいって、かなりのストレスになります。それでも、相手の受け止め方を確認しながらコミュニケーションしていかないといけないのでしょうか。

大事なのは、そこでどんな答えが返ってくるかは、相手によって、一人ひとり違うということです。叱られたと感じていたなら、次からはかける言葉を変えなくてはいけませんし、気にならないという人もいるでしょう。それぞれの感じ方に合わせて、言葉かけを変えていくというわけです。

――ううん……。かなりきめ細かい対応が必要なのですね。いついかなるときもそのような姿勢で部下に接し続けることなど、このわたしにできるものか……。自信はありませんが、試しもしないで否定するのはよくないですね。心します。

手間がかかります。しかし、手間をかけなければ、いいリーダーにはなれません。

――では、尋ねた相手から「叱られたと感じた」といわれたときに、逆に、「いや、わたしには叱るつもりはなかったのだ」と、主張してもいいものでしょうか。

はい。**一番よくないのは、お互いに黙って、相手の気持ちを探り合っているという状態**だと思いますから。

相手が「叱られた」と感じているのなら、それは事実として認めるしかありません。「これからは気をつける」と、リーダーが折れるしかないでしょう。

そのうえで、「どんないい方をしたらいいか」を、相手に尋ねてみてください。

――なかなか難しいですね。そもそもチームのメンバーは、そんな質問に、答え

てくれるものでしょうか。それにわたしはもともと上司から「部下に気を遣いすぎじゃないか」「もっとはっきりいったほうがいい」といわれるようなキャラクターです。

尋ねたら、答えてくれます。わたしはよく、自分の子どもに尋ねたものです。「今のいい方はどうだったか？」と子どもに尋ねると、「なんか、イマイチだったな」などと答えました。「では、どんないい方をしたらいいか」と尋ねれば、「こういういい方をしてくれるといい」と教えてくれるので、そのようないい方に変えると、あまり抵抗なく、こちらのいうことに耳を傾けてくれます。

――なるほど、試してみないとわからないものですね。

とはいえ、これも子ども次第で、一人ひとり違います。だから手間がかかりますが、**大事なことは「感情の尾ひれをつけない」ということ**です。

――「感情の尾ひれ」ですか。

大事なことは「自分の言葉が相手に伝わる」ことなのであって、そこだけに集中すればいいのです。

――「こちらの仕事のほうが優先順位は高い。だから、先にやってもらえるとありがたいのだ」と。

そこに「感情の尾ひれ」をつけるというのは、無意識であっても、「この言葉を強いトーンでいえば、相手は恐れを感じて自分のいうことを聞くのではないか」などと思うことです。そういうようなことを一切考えないで、伝えるべきことを正しく伝えることに集中する、というのが、優れたリーダーの条件でしょう。

――怒鳴ればいうことを聞くだろうという態度は、わたしが部下として忌み嫌った上司の態度ですから、そうなってはいけませんね。でも、いざ自分が上司になってみると、思っていたより難しいのですよ。チームのメンバーと細やかに、真摯に向き合わなくてはならないと痛感します。

Dialogue

4

「威圧的な態度」と「毅然たる態度」

——ほめる、叱るについて、いろいろとお話をうかがったところで、質問があります。

どうぞ、何なりと。

——職場におけるコミュニケーションには、なんといっても「指示命令」があると思います。この点について、どうお考えですか。

あなた自身は実際、職場で部下に、どのように指示を出しているのですか。

——そうですね……。基本的には、「○○をお願いします」ですね。あとは、「この仕事はあなたの得意分野ですよね。だから、やってもらえると助かるのですが」といったいい方もよくします。

まず、「お願い」と「命令」は違います。

「命令」というのは、「相手がノーと答えられないいい方」です。そういう意味で「○○しなさい」はもちろん、「○○してください」も命令です。相手にしてみれば「嫌だ」とはいいにくいですからね。

「お願い」というのは逆に、「相手にノーと答える余地を残すいい方」で、具体的には二つのいい方があります。

一つは疑問文。「○○してくれませんか？」ですね。もう一つは仮定文。「○○してくれるとうれしいのですが」とか、「○○してくれると助かるのですが」といったいい方です。こちらは、「相手にノーと答える余地があるいい方」で、結果としては、割合、相手にいうことを聞いてもらえます。

——なぜですか。断る余地があるのに、なぜいうことを聞いてもらえるのですか。

職場の上司の頼みですから、部下が断るということはあまりありません。命令文を使うと、部下は断りはしないものの、感情的に反発を覚えるという可能性があります。相手が上司でも断りたいときもありますから。

——確かにそうですね。疑問文や仮定文で頼まれたほうが、すんなりと受け入れやすい。それは、自分のことを対等に扱ってくれている感覚があるからなのでしょうね。

お願いするときは疑問文か仮定文を使うと決めてしまえば、わりと楽ですし、ものごとがスムーズに進みやすいと思います。

ところが、このようなもののいい方に、抵抗を示す人は多いです。上司として、こういういい方を「するべきなのか?」「していいのか?」あるいは「したくない」といった疑問や抵抗を示される人に、わたしは多く出会ってきました。

——わたしは特に抵抗を感じませんが。

若い人はほとんど抵抗を感じないのですが、年配の人には難しいようです。

――じゃあ、わたしは少なくとも「気持ちは若い」と。ちょっとうれしい気がします。

女性は、あまり抵抗を感じません。本来は、男性、女性で区別してはいけないのでしょうが、アドラーの言葉を借りれば、**「男性の悪徳を模倣してはいけない」**ということです。部下に「お願いする」ことに抵抗を示すような、心老いた威圧的な男性上司の模倣など、絶対にしてはいけない。

「人間として、同じ人間に、こういういい方はしないだろう」といういい方を、リーダーになったからといって、わざわざする必要などないのです。

上司になったばかりの人から「これまでの同僚に対して、言葉遣いを変える必要があるだろうか」という質問を受けることがあります。わたしの答えは「変える必要など、まったくない」。上司と部下というのは役割の問題であって、人間としては対等です。役割が少し変わっただけで、言葉遣いを変えて威圧的になる必要はありません。

――しかし、仕事ですから緊張感も必要ではないですか。わたしがはっきりと指示を出さないと、この間の話じゃないですが、大事な仕事を後回しにされてしまったりします。部下に「そこまで急ぐ必要はないのかな」とか、「そこまで頑張らなくてもいいのかな」などと軽んじられて、仕事のスピードが落ちたり、上げられるはずの成果が上げられなくなったりする可能性もあるように思います。

威圧的になる必要はないというのは、感情を交える必要はないということです。**「威圧的な態度」と「毅然とした態度」は、違います。**

――むむむ。そこは区別が難しいところですね。いったい何が違うのでしょう。

「威圧的な態度」というのは、当事者だけでなく、周囲の人が見ても怖いと思う態度です。

昔、乗り合わせた電車で携帯電話のベルがけたたましく鳴り響いたことがありました。しかも、その携帯電話の持ち主が電話に出たのです。女子大生のようでした。すると、目の前にいた四十代くらいの男性がかっと目を見開いて、叫びました。「おまえは車内で通話をしたらいけないのを知らないのか！」と。わたしは思わず、メールチェックしていた携帯をポケットにしまいこみました。その男性の怒鳴る姿が怖かったからです。

これが「威圧的」ということです。当事者ではない、その周囲にいる人たちが、あたかも自分も叱られたかのように萎縮してしまう言動のことです。

――そういわれれば、パワハラも、周りが見ていてハラハラドキドキするものです。

それで思い出したのですが、かつて上司が、わたしの先輩がまとめた報告書を何度も書き直させたことがありました。その先輩は四十代の中堅で、十分に仕事のできる人でしたから、最初に書き上げた報告書からして誰が見ても十分なレベルに仕上がっていました。ところが、その上司は、彼の何が気に入らないのか、些細な部分にケチをつけて何度もやり直しをさせたのです。

部外者のわたしがなんでこんなことを知っているかというと、その上司は、報告書をめぐる先輩とのメールのやりとりに、たくさんの関係者をCCに入れていたからです。しかもわざわざ選んだかのように、深夜や週末に何度もやり直しを命じ

るメールを出していました。これには関係ないはずのわたしも、背筋が凍るような恐怖と不快感を覚えたことを、何年もたった今でも覚えています。

このような穴を掘らせては埋めさせて、また穴を掘らせることを繰り返させるようなパワハラはもちろん論外です。

しかし、正しい指摘ならば、チームのメンバーに納得できるような形ではっきり伝えることが必要な場面もあるように思います。

もちろんあなたは**上司として、パワハラのような威圧的な態度をとってはいけません。しかし、一方で、毅然とした態度はとらなくてはなりません。**

先ほどの携帯電話の例でいえば、怒鳴らずに注意すればいいのです。わたしは、その女性に注意する必要があるとは感じませんでしたが、もしも注意したいなら、感情を交えずに「あなたはひょっとすると、電車のなかで通話してはいけないということを知らないのではないですか」と、言葉で伝えればよかったのです。

別の例で、説明しましょう。あるとき、特急電車の指定席に座っていたら、同じ車両に、あちこちの席を転々と座って回る乗客を見かけたことがありました。お酒が入っているようでした。そんなとき、タイミングよく車掌さんがやってきて、どう対応されるのかと思って見ていたら、まず自分から名乗られました。「わたしは、特急日本海の車掌です」と。それから、こういいました。「ほかのお客さんはみなさん、切符を買って乗っておられます。でも、あなたは切符をお持ちではありませんね。降りてください」と。感情は一切、交えずにいいました。その後、少しもみあいになりかけましたが、結局、その乗客は、次の駅で大人しく降りました。車掌さんは若い男性で、近くで見ていた若い女性グループの一人が「格好いい」といっていました。つまり、傍で見ているぶんには怖くなかった。これが「毅然とした態度」です。

——いうべきことは毅然という、と。そして毅然たる態度と威圧的な態度と異なり、周囲に恐れは抱かせないが、憧れを抱かせる。そうありたいものです。

Dialogue

5

「頑張る」という言葉について

——そういえば先生、この前、うっかり、職場の若い子たちに「頑張れ！」と声をかけてしまったのです。そうしたら、そのうちの一人が後からやってきて、「僭《せん》越《えつ》ながら、『頑張れ』って、あまりいわないほうがいいです」という指摘を受けました。確かに、心が弱っている人に「頑張れ」をいってはいけないなどとよくいわれますから、心配りが足りなかったと反省しているところなのですが……。

「頑張れ」という言葉かけが、励みになる人もなかにはいます。けれど、それはすごく力のある人に限った話で、一般論として「頑張れ」は、**「勇気づけ」**になりません。

――勇気づけ、ですか。

わたしが「叱ってはいけない」「ほめてもいけない」というと、「では何をしたらいいのですか」と尋ねられます。

――その通りです！　わたしがこうやって先生とお話ししてきて、ちょっともやもやしていたのはそこです。叱りもしない、ほめもしないなら、わたしはリーダーとしてメンバーに、どんな働きかけをすればいいのでしょう。何もしないというのは、違う気がします。

アドラーは「**自分に価値があると思えるときにだけ、勇気を持てる**」と、いいました。この勇気は仕事に取り組む勇気です。

仕事の実質的な中身は多くの場合、対人関係ですが、人と関われば必ず、なんらかの摩擦が生じます。自信がある人は、人と関わることを恐れません。しかし、そうでない人は傷つくことを恐れて、対人関係を避けようとします。そして対人関係を避けるために、「自分には価値がない」と思いこもうとします。

――自分には価値がないと思いこもうとする、とは？

一生懸命に仕事に取り組もうとしない人に、リーダーが「君ならできる。頑張れ！」といえば、いよいよ頑張らなくなります。なぜなら、その人は**「頑張ればできる」という「可能性」のなかに生きることを選ぶ**からです。

――それは確かに、深層心理としてありそうなことと思います。

そのような人は、自分には本質的に価値がないと思っています。**自分に価値がないこと、自分に能力がないことを、一生懸命に仕事に取り組まない理由にしている**のです。

リーダーの仕事とは、そのようなメンバーが、自分に価値があると思えるように援助すること。すなわち、**仕事に取り組む勇気を持てるように援助すること**です。

具体的には、折に触れて「ありがとう」ということです。**「ありがとう」といわれると、人は貢献感を持てます。貢献感が持てた人は、自分に価値があると思えます。そして、自分に価値があると思える人は、仕事に取り組む勇気を持つことができ**

きます。

――それが、先ほどおっしゃった「勇気づけ」なのですね。そして「頑張ろう」は、勇気づけにならない、と。

例えば、子どもがテストでいい成績をとったとします。その子どもが「これからもわたしはいい成績を上げられる」と確信しているなら、「次も頑張れ」という親の言葉かけが、勇気づけになる可能性はあります。

けれど、今回は奇跡的にというか、たまたまいい成績がとれただけと思っているなら、「次も頑張れ」という言葉は、プレッシャーでしかなく、勇気づけにはなりません。そういう子どもに何が起きるかというと、「次も結果を出さないといけない」「親の期待に応えるような成績を出さないといけない」と思います。そう思って、次に何をするかというと、試験を受けないのです。試験を受けさえしなければ、評価されることはありません。

――ああ、つまり「やればできる」という可能性に生きることを選ぶ……。一生

懸命に仕事に取り組まない人と同じなのですね。

「頑張れ」という言葉には、気をつけないといけません。ただし例外もあって、「頑張れ」といわれると頑張れる、という人もいるので、一人ひとりに尋ねて確かめたほうがいいです。ただ、**一般論としては、「達成できていないこと」に注目した言葉かけは控えたほうがいい。**そういう意味では、**「頑張ったね」という声かけは、いいと思います。**

――なるほど、「頑張ったね」であれば、「達成できたこと」に対する「承認」です。では、「やったね！」とか「やったじゃん！」は、どうでしょう。メンバーがいい結果を出したとき、わたしがよく口にする言葉なのですが。

相手によります。うれしくてモチベーションが上がる人もいますが、そうなっていない可能性もあります。一度、確かめたほうがいいと思います。「これまであまり考えないで、『やったね！』といっていたけれど、いわれたあなたは実際、どう思っているの？」と。

難しいのは、**下心があれば、相手は必ず見抜く**ということです。「やったね！」という言葉が、純粋に「うれしい気持ちの共有」であればいいですが、その裏に、「もっと仕事を頑張ってほしい」とか、相手を「操作する」とまではいかないまでも、何か下心があれば、すぐに伝わってしまいます。

――それは正直、難しいです。仕事である以上、部下にもっと頑張って、成果を上げてほしいという下心を持つのは当然ではないでしょうか。もちろん、距離感の近い相手であれば、「やったね！」「すごいね！」という言葉が、心から純粋にさっと出てきます。けれど、苦手な部下の場合は、いろいろなことを考えて言葉を選んだ末に、結果として下心がにじみやすい、という気がします。

言葉をきちんと探していかなくてはいけません。**わたしたちは普段、あまりにも無思慮に言葉を使っています**。相手がどう思うかなんて、まったく考えずに話しているものです。だからこそ、リーダーになったあなたは、自分の言葉に慎重になったほうがいい。それこそ「部下に気を遣いすぎではないか」と思うくらいに、気を遣ってちょうどいいのです。

アドラーの本にムカデの話が出てきます。ムカデは「百足」と書くくらい、足がたくさんありますね。そんなムカデにある人が「あなたは、そんなにたくさんの足があるのに器用に歩いている。ところで、どの足を最初に出されるのですか?」と尋ねたら、ムカデは途端に足がもつれて歩けなくなってしまったといいます。

――頭で考えちゃうと動けなくなる、ということですね。

わたしが話していることには、そんなところがあるかもしれません。最初は、あれこれ考えすぎて、発言しにくくなるかもしれません。でも、そこから始めてほしいのです。そこから始めることで、あなたとメンバーの関係は、確実に変わっていくはずです。

Dialogue 6 「1 on 1」で何を話すか

——ところで先生、このごろ「1 on 1（ワンオンワン）」というのが流行っているではないですか。わたしの勤務先でも最近、制度化されたんです。チームメンバー一人ひとりと毎週一回、一時間ほど、一対一で話すのですが、何を話すのがいいのか、ちょっと考えこんでしまって。正直、そんなに思いつかないというか。

ぱっと考えて思いつくのは、「現状の確認」か、最近の出来事を振り返って「あれはよかったね」と話すか、「あれは問題だったね」と話すか、そんな三パターンくらいです。

けれど、先生から叱るのも、ほめるのもよくないとわたしは教わり、納得しています。となると、「1 on 1」でやることなんて、「現状の確認」くらいしかない気

がします。しかし、現状の確認なんて普段の会議でやっていますし……。

「1 on 1」の狙いというのは、「今後の仕事に生かせる話をする」ということなのですね。

――そうです、そうです。

だとしたら、過去に起きたことの確認をするだけでは、意味がないでしょう。過去に失敗しているのであれば、失敗の改善という未来の話をしなければなりません。過去の事実の指摘だけでは意味がない。

――そうなのです。過去の事実を指摘しても意味がないし、もちろん、叱っても、ほめてもいけないのですよね。

そのような場でリーダーがやるべきこととは、「勇気づけ」です。その人の「貢献に注目する」という場にするのがいいと思います。

具体的には、「あなたのあの仕事のおかげですごく助かった」「ありがとう」という話をする。そのことで、自分の存在がリーダーから受け入れられていると、チームのメンバーが感じられるなら、次からも仕事を頑張れる。できなかったことを指摘する必要は、まったくありません。

わたしの子育ての話にまたなってしまいますが、昔、よく家族会議をしていました。子どもが何か問題を起こしたとなると、大人というのは下心を持って、家族会議を開いてしまうものです。

――先生でも、そんな下心を持つときがあるのですか。ちょっと安心しました。

あるとき、息子の食事のときの態度がよくないと思って、家族で話し合おうと、家族会議を招集しました。

まず息子に、「何か話したいことはありますか?」と尋ねました。

すると息子は正座して、「お父さん、いつも一生懸命、仕事をしてくれてありがとう」というと、続けて「お母さん、いつもおいしい食事をつくってくれてありがとう」といって、妻に頭を下げました。その日の家族会議は、お開きにしました。

子どもは、大人の下心などお見通しなのです。食事のときの息子の態度が悪い、食事をつくってくれている母に対する敬意が足りないと、わたしは気にしていたわけですが、そんなことはいわれるまでもなく、わかっていて、わかっていることをわざわざ指摘されたくない。そのことがわかったので、わたしは家族会議をお開きにして、そして実際、それだけで息子の食事中の態度の問題は解決しました。

あなたの会社の「1 on 1」も、おそらく我が家の家族会議のようなもので、「できていない」ことを、わざわざ指摘する必要はないのです。その「1 on 1」が、メンバーの失敗の糾弾会になると知ったら、誰も参加したくないでしょう。「1 on 1」で指摘するとすれば、「できたこと」「貢献できたこと」です。

――勇気づけの場として、活用すればいいというわけですね。

その会を、明確に「この一週間で、あなたが『できたこと』を指摘する場だ」として、設計することです。「この会は、あなたの過去の失敗をとがめる場ではない」ということを明らかにして、企画する。あなたが「1 on 1」を、そのような場として設計していることがメンバーに伝われば、前向きに参加してくれるはずです。

Dialogue

7 「ほめる」ことと「勇気づける」こと

――今までうかがってきた話で、一点、確認したいことがあります。「ほめる」ことと「存在を認める」ことは、違うことなのでしたね。そして、ほめることと違って、存在を認めるという行為は、メンバーに対して常にやるべきことなのですね。

はい。職場とは、仕事をする場所ですから、結果を出さなくてはいけません。そこは子育てと大きく違うところで、**職場においては、結果を出していないのに、「あなたは、あなたのままでいい」ということには、基本的になりません。**

しかし、**そうであっても、メンバーの「存在」そのものがチームの皆に貢献しているる**ということを、リーダーは伝えていかなくてはいけません。「自分には、何の仕事もできない」と、自己評価が低い人が非常に多いのが今の社会です。そういうなかで、「今のあなたは、何もできていないかもしれないけれど、少なくともわたしは、そんなあなたを全面的に受け入れている」と伝える。さらにいえば、「未来のあなたの可能性まで、わたしは見てとっている」ということまで伝えれば、部下は、現状のままでとどまるわけがないのです。「ならば、余計に頑張ろう」と思えます。
　そのような働きかけを、アドラー心理学では「勇気づけ」と呼びます。

——そのような働きかけは、ほめることとは違う、ということですね。

はい。メンバーがしたことに対して、上からの目線でほめてしまえば、ほめられるために頑張ろうという人が出てきます。リーダーから承認を得るために頑張ろうという人が出てきます。これは、職場でも子育てでも、非常に困ることです。ほめてくれる人がいなければ頑張れない、自分の判断では動けなくなるということですから、非常に困ります。

——そうですね。主体性がない社会人というのは、困ったものです。

しかし、難しいのは、まったく同じ言葉が、ほめ言葉にもなれば、勇気づけにもなるということがあります。勇気づけの言葉として「ありがとう」をいおうと、いいました。しかし、これにもリスクがあって、「ありがとう」をいわないと、頑張らない人が出てくる可能性があります。

――そうですよね。それでわたしは、「ほめる」ことと「勇気づける」ことの線引きが難しいと感じているのです。

同じ言葉でも、人によって感じ方が違うので、一人ひとりに折に触れて尋ね、確認したほうがいいです。

ただ、「ありがとう」をいわれないと頑張らない人が出てくるのは、過渡的なことだと思います。職場の上司、部下でなくても、「ありがとう」ということはいくらでもあります。コンビニで店員さんに「お願いします」「ありがとうございます」と、ごくごく自然にいう人がいます。それと同じで職場で部下にコピーを頼むときにも、「お願いします」「ありがとうございます」という人がいます。これは顧客と店員だから当たり前とか、上司と部下だから当たり前ということではなくて、人と人との関係として当然のこととして「ありがとう」といっているわけです。

そういう当たり前のことを、きちんとやっていくということなのです。そういう人として当たり前の「ありがとう」をリーダーがいえば、そういうリーダーの下で働くことに、メンバーは喜びを感じるようになります。

――そうしてモチベーションが上がり、生産性が上がる。

生産性という言葉は、あまり好きではありませんが、**リーダーが「ありがとう」をいうことで、仕事で結果を出しやすくなることは間違いない**と思います。

考えてみれば、**メンバーが今日、出社してきてくれたことだって、十分にありがたいこと**です。仕事があるからと始業時間に間に合うように目覚まし時計をセットして起きて、電車に乗って会社に来てくれるというのは、当たり前のことではないからです。今はリモートワークの職場も多いですが、自宅でデスク周りを整え、パソコンを立ち上げるのも手間のかかることで、リーダーにとってありがたいことです。そこで「ありがとう」を、言葉に出して伝える。そんなところから始めようというのが、わたしからリーダーとなったみなさんへの、ささやかな提案なのです。

Dialogue 8 「ありがとう」をいいそびれたときに

――先生、このあいだの「ありがとう」の話なのですが、いざ実践に移してみると悩むところがあります。「ありがとう」といおうと思っていても、タイミングを逃してしまったり、たまたま忘れてしまったりするときが、どうしてもあります。

ええ、現実には、あらゆる人に、あらゆる場面で「ありがとう」をいうのは難しいです。

――そんなとき、ほかの人にはこまめに「ありがとう」といっているだけに、たまたま忘れられた人が「あれ？　わたしにだけいってくれないのかな」と、気にす

るのではないか、と心配になってしまうのです。
実際にこの前、あるメンバーと食事をした際、「わたしはあなたにほめられたことがありません」と心配そうな顔をして聞かれました。それでわたしははっとして、「一人ひとりのメンバーの仕事をもっとよく観察して、どんな細かなことでもよかった点について、しっかりと感謝の気持ちを伝えておくべきだった」と反省しました。

あなたの普段のふるまいから、「このリーダーは、部下の適切な行動にきちんと注目してくれる人だ」ということが、その人にわかっていれば大丈夫です。あなたの姿勢が伝わっていれば、たまたまある機会に「ありがとう」といってもらえなかったとしても、それでひどくガッカリするとか、働く気が失せるということは起きないと思います。

――しかし、今はまだ、「ありがとう」をちゃんというという活動を始めたばかりなので、姿勢が伝わっているかというと心許ないです。

最初のうちは、意識しないといけませんね。慣れないうちは、意識しないと「ありがとう」という言葉は出てきません。

――ええ、先日のムカデの歩き方の話ではないですが、今はまだ、「ありがとう」をいうタイミングも口調も、我ながらぎこちないと感じます。

最初は「ありがとう」をいうたび、顔がひきつるという人は多いです。

――ええ、わたしもそんな感じです。でも、そんなぎこちない「ありがとう」でも、いわれたほうはまんざらでもない様子で、ちょっと驚くくらい、うれしそうなのです。

つまり、わたしとしては、顔が引きつるくらいに意識して、今、「ありがとう」をいうようにしているわけです。だからこそ、いい忘れたときに気になってしまいます。

後からいってもいいのです。「この間は、いい忘れたのだけど、あのときは、ありがとう」と。

――ああ、確かに、そうですね。後からいうときも気恥ずかしいとは思いますが。

でも、あなたもすでに感じられている通り、「ありがとう」をいえば必ず、職場の対人関係は変わっていきます。それならいい続けるしかありません。

もしもあなたに、今までとは違うやり方で、チームのメンバーと接するお気持ちがあるなら、宣言されるといいと思います。例えば「こういう話を聞いて、今日からリーダーとして、みなさんと接する態度を変えようと思っています。『ありがとう』を、しっかりいうようにしたいと思います。よろしくお願いします」と。

――うーん、それはなかなかハードルが高い。かなり気恥ずかしいですが……。

でも、そう宣言すると、チームのメンバーとの関係が大きく変わります。あなたが「ありがとう」をいい忘れたら、指摘してくれるようになります。

――そうなれば、わたし一人で「いい忘れた」と、うじうじ悩む必要はなくなりますね。

そういうことも含めて、チームのなかの関係性が対等になっていきます。「さっきは、『ありがとう』をいうべきだったのではないですか」と、リーダーのあなたに指摘できるメンバーであれば、ほかのことについても「こんなことをいったら、どう思われるだろうか」と気にすることはないはずです。そうなれば、メンバーが失敗を恐れて挑戦しないとか、失敗したのに叱られるのが怖くて隠してしまうといったことはなくなるはずです。できないことがあるなら、できない自分を受け入れ、できるようになろうと頑張るようになります。

Dialogue

9

報われにくい仕事の存在について

――ここのところ、先生と語り合うなかで、職場における「ありがとう」という言葉の重要性をしみじみ感じています。しかし、会社のなかには、「ありがとう」をいわれにくい仕事というのがあって、典型的なのが、経理や総務といったバックオフィスの仕事です。こうした部署の仕事は、「きちんとできて当たり前」「ちょっとでもミスをすれば文句をいわれる」といった具合で、「頑張っても報われない」という思いを抱く人が多くいます。わたし自身、経理の部署にいたころ、「せめて一言、『ありがとう』といってもらえれば、もっと頑張れるのに」と、同僚たちと嘆いていたのを思い出します。

しかし、「ありがとう」といってもらえるから頑張る、ということでもいけない

のですよね、きっと。

繰り返しになりますが、**ほめてもらえるから頑張る、ほめてもらわなければ頑張れないというのでは困ります。**

「ありがとう」という言葉は、存在を承認する言葉であって、ほめ言葉とは違うものとして、わたしは話してきました。しかし、ほめられて育ってきた人たちのなかでは、「ありがとう」が、限りなくほめ言葉に近いものとして受けとられていることも事実です。

そういう人たちには、「ありがとう」といわれないからといって、「当たり前のことをきちんとやることは損だ」と考えるとか、「ありがとう」といわれないなら、「そんな仕事はもうやらない」と思うのは、間違っていると伝えなければなりません。

――その通りだと思います。

わたしは家事をできるだけするように心掛けてきましたが、食後の片付けというのは、家事のなかでもハードルが高いものです。食事が終わると、家族はみんな、後片付けのことなんて頭になくて、ソファに寝そべり、テレビを見たりしています。それを横目に、自分一人が食器を洗う、ということになったとき、「なぜわたしだけがこんなことをしなければならないのか」と思います。そう思って「嫌だ、嫌だ」というオーラを漂わせながら食器を洗っているとき、家族は誰も手伝ってはくれません。なぜかというと、食器を洗うという行為が嫌な仕事であることを、家族に教えてしまっているからです。

このように「ありがとう」といってもらえない仕事をしながら、「どうしてわたしがやらなくてはいけないのか」と不満に思っている人は多くいて、カウンセリングなどをしていると、よく助言を求められます。

――どう助言されるのですか。

誰からも「ありがとう」といわれないかもしれないけれど、その仕事は「誰かに貢献する行為」である、ということを指摘します。

例えば、食器を洗う行為は、家族から「ありがとう」といわれないかもしれないけれど、家族に貢献する行為です。そうであれば、「貢献感」を持てるはずです。つまり、**家族に「ありがとう」といわれなくても、「自分は家族に貢献していると いう感覚」は持てます**。このような**貢献感が持てれば、「自分に価値がある」と思えるはず**で、アドラーの言葉を借りれば、**「自分に価値がある」と思えるなら、「自分は幸福だ」と感じられます**。

このように貢献感と幸福を感じながら、鼻歌交じりに食器の後片付けをしていたら、家族が「そんなに楽しい仕事なのか」と思って、「わたしもやるよ」といってくれるかもしれませんし、いってくれないかもしれません。ともあれ、ほかの人がどう思うかとは関係なく、自分が「貢献している」という喜びを持つことは可能です。

――ええ、わかります。

しかし、難しいのは、この助言を上司から部下にしてはいけないということです。これはあくまで、友だち同士の会話、一人の人間と人間の会話で伝えるべきことです。上司が部下の前で「わたしは、あなたたちの仕事にいちいち『ありがとう』といっているヒマはない。君たちは自分自身の力で貢献感を持ちたまえ」などと説教をしたら、こればブラック企業です。
ですから、中間管理職であるあなたが、「部下」として、「貢献感を持つようにする」のはいいですが、「上司」として部下に「貢献感を持ちなさい」と指示することはできません。

――わたしが上司であるなら、やはり「ありがとう」をいうべきなのでしょうね。「ありがとう」をほめ言葉として受け止めてしまうのは、過渡的な現象であると、先生はおっしゃっていましたよね。それならば、「ありがとう」が、部下をおだてるような言葉ではないと理解してもらえると信じて、いい続けていきたいと思います。

第2章

多様なメンバーに、リーダーとしていかに向き合うか？

Dialogue

10

同じ失敗を何度も繰り返す人について

――先生、ここのところ、ある若いメンバーのことでちょっと頭が痛いのですよ。同じミスを何回も繰り返していて、そのたびに同じことを繰り返し伝えて、でもやっぱりできない。「どうしてできないのだろう」と思うと、どうしても叱るというか、注意する言葉がきつくなってしまうことがあります。

でも、先生のお話だと叱るのはよくなくて、今のまま同じ注意を、同じトーンで、相手ができるようになるまでいい続けるしかない、ということなのですか。

あなたは今、何をどう変えたいのでしょうか。今よりもきついトーンで注意したい、ということですか。

――うーん……。きつくいいたいわけではなくて、しっかりやってほしいということなのですよ。社内横断のプロジェクトがあり、そのプロジェクトを回していくなかで、ミーティングで用意してほしい資料が毎回、きちんと準備されていない。多くの人が関わっているプロジェクトですから、そのたびに、みんなに迷惑がかかります。なのに、同じようなシチュエーションで、同じように準備ができていないという状態がずっと続いているので、さすがにわたしも……。

お気持ちはわかります。それはトーンを変えるのではなく、指示内容を変えるしかないですね。同じことをいって同じことしか起こらないのであれば、指示の仕方に問題があるはずです。

――確かにそうですが……。

そこに口調だとかトーン、感情というのは関係ありません。

受け入れにくいことかもしれませんが、部下が何度もミスを繰り返し、できなければいけないことを、いつまでたってもできないのだとしたら、それは上司であるあなたの責任である、と、思わなければなりません。

「どうしてできないのだろう」と、その若いメンバーについてあなたが思うのは、結局のところ、自分のことを責めているのです。自分の指導の仕方、自分の教え方に「問題がある」と考えて、どう指示すれば、部下が指導を受け入れて伸びるかということを考えるしかありません。


――厳しい指摘ですね。部下のミスとは上司の責任であり、上司が自らのあり方を改善しなくてはならない、と。

ただ、先生にはいい訳に聞こえるかもしれませんが、多くの部下を抱えているとなかなか全員には目が行き届きません。そんななかで、どう部下と対話して、何を改善していけばいいのか。その方法が、わたしにはずっとわからずにいるわけです。


その若いメンバーに直接、相談するしかないと思います。「どうしたら、できるようになると思うだろうか」と。

こちらからすれば、「それくらいのことはわかっているだろう」と思っていたことが、少しもわかっていなかったということは、いくらでもあるので、そこを率直にいい合える関係をつくるということが、大事です。

部下にしてみれば、下手なことをいえば「そんなことも知らないのか！」と、叱られるとか、叱られなくても、皮肉られるのではないかと思っているかもしれません。そう思っていたら、聞きたいことがあったとしても、聞けません。

だからまず「知らない」「わからない」といったとしても「あなたを低く評価することはない」と、相手に伝えておく必要があります。したがって、「できないと思うなら、やる前に相談してほしい」「失敗する前に相談してほしい」と、伝えておく必要があります。

――そういう話はしているのです。「今回も準備が不十分だった」というたびに、「なんで、またこういうことになっちゃったのだろうね」と話して、本人も「そうですね。この資料の作成には、もう少し早く着手しなければいけなかったと思います。気をつけます」などというのです。けれど、それがなかなか次につながらない……。

もしかすると、話す内容以上に、どういうタイミングで話すのか、そして、どういういい方をするか、というところで、わたしはちょっとずれているのかもしれま

せん。

そのタイミングは難しいですが、これは「失敗」です。「失敗」というのはつまり、若い人に悪意があってのことではないということです。

――はい。それは間違いないです。

失敗したときの責任のとり方は、三つあります。

一番目は、可能な限りの原状回復です。「可能な限り」というのは、修復ができないこともあるからです。

例えば、小さな子どもがミルクをこぼしたとします。ミルクの入ったマグカップを持ちながら歩いていて、歩きながら飲もうとしたら、こぼれてしまいました。これを悪意のない失敗とみるか、悪意があるとみるかで対応には大きな違いがありますが、うっかりこぼしてしまった失敗だとして、考えてみましょう。

その状況で、最初に何をするかというと「可能な限りの原状回復」です。

小さな子どもがミルクをこぼしたとき、言葉がわかる年齢ならば、「どうしたらいいかわかる？」と、尋ねます、昔、息子がミルクをこぼしたとき、わたしはそうしました。すると、「わかっている」といいました。「どうするの？」と尋ねたら、「ぞうきんで拭く」と答えて、実際、床を拭きました。これが「可能な限りの原状回復」です。

——ええ、若いメンバーとの関係も似たようなものです。ミーティング直前になって、必要な資料がそろっていないことが発覚すれば、その段階から時間が許すかぎり、一緒に資料を準備するわけです。

そのときに、**あなたが代わりに資料を準備してはいけません**。失敗した若い部下が、時間の許すかぎりにおいて準備することが大事です。それが「失敗の責任をとる」ことになります。

子どもがミルクをこぼしたとき、多くの家庭では、親が拭いてしまいます。「またこぼしたの？」「どうして、こんなことするの？」などと、がみがみ叱りながら、こぼしたミルクを拭いてしまいます。そうすると**子どもは「無責任」を学んでしまいます**。自分がどんな失敗をしても、親ががみがみいいながら尻拭いしてしまう、ということを学んでしまいます。これは絶対に避けたいことです。

もしも、子どもが自分一人で拭けないのなら、親が一緒に拭くのがいいでしょう。もしも、部下一人では、短時間のうちに資料をつくれないということであれば、あなたが一緒にやってもいいでしょう。けれど、あなたが代わりにつくってはいけないのです。

——おっしゃる通りだと思いますが、時間もなくて焦っているし、自分一人でやったほうが早いから、つい代わりにやってしまう。そういうリーダーたるわたしのふるまいが、若いメンバーを無責任にしているというわけですか。

まず、自分の力で「可能な限りの原状回復をする」のが、「責任をとる」ということの一番目です。

二番目は「必要ならば謝罪する」。子どもがミルクをこぼしたケースの場合は、不要ですね。ミルクがこぼれただけで、誰が傷ついたわけでもないですから。

しかし、ミーティングの席に必要な資料がそろっていなかったなら、謝罪しなければならないこともあるでしょう。上司のあなたが一緒になって謝罪しなければならないこともあるでしょう。

そして、**三番目が、多くの人が忘れてしまうことで、「同じ失敗を今後、繰り返さないために話し合う」ということです**。息子がミルクをこぼしたとき、わたしは、息子が床を拭いた後、「これから、こぼさないようにするにはどうしたらいいと思う？」と尋ねました。息子はしばらく考えてから、「これからは座って飲む」と答えました。これは正解ですね。

この間のやりとりにわたしは感情を一切、交えていませんし、交える必要もありません。本人の力で原状回復し、今後の対処法を話し合って、責任をとるということは、感情を交えることなくできます。

——同じ失敗を繰り返さないための話し合いは、失敗したタイミングですぐにやるべきものでしょうか。

すぐにはできないということは多いでしょう。後日、落ち着いたときに話し合ってみると、互いに冷静に受け止めることができる。

――なるほど。失敗した直後というのはばたばたしていますから、ちょっと落ち着いたタイミング、例えば、人事評価の面談のときなどに振り返るのがいいですし、実際、わたしは最近そうしています。しかし、そのときのわたしの話し方とか、言葉の投げかけ方には、工夫の余地がありそうだと、お話を聞いていて感じました。それは、本人がもう少し自分の頭で考えられるように……ということなのですが。

そうですね。大事なのは、**「問題をどう解決するか」だけに焦点を当てる**ことです。**「自分がどう思われるだろう」とか「軽く見られてはいないだろうか」などと、問題解決に関係ないことに目を向けない**ということが、大事です。

それと、あなたが先ほど、タイミングのことと一緒に指摘されていた「いい方」というのは、やはり大事です。

学校の先生は「今のままだったら、どうなると思うかね」というようないい方を、よくします。成績表を片手に「このままだったら、きみは志望校には受からない」などと。でも、生徒は、先生にいわれなくてもわかっています。テストで不本意な点数をとってしまった生徒は、もっと努力すべきだったとわかっているはずですし、こういう失敗を繰り返してはならないと思っているはずです。

――それで、わたしの子どもは、わたしが何かを指摘するたび、「わかってるよっ！」と、声を荒らげるわけですね。会社の若いメンバーは、さすがに声は荒らげませんが、内心、思っていることは同じかもしれませんね。あなたにいわれなくたって、わかっているよと。

しかし、あなたは上司であるわけですから、部下を教育しなければなりませんし、同じ失敗を繰り返すような部下ならばなおさら、教育しなければいけないわけです。

――その通りです。

そのためには、まず、部下との関係をよくしなければなりません。

なぜなら、**部下を教育するときに、「このままだったら、どうなると思うかね」といういい方はしないといけません。せざるをえない**のです。

——そうですね……。一方的に命令したり、失敗を責めたてたりするのではなく、若いメンバーが自ら責任を感じられるように働きかけて、自分の頭で解決策を考えてもらうとなると、確かに「このままだったら、どうなると思う?」「このままだったら、困るよね」といったいい方しか、思いつかないかもしれません。

そこで「このままだったら、どうなると思うかね」というい方をしたとき、あなたと若いメンバーの関係が悪ければ、相手はその言葉を皮肉や威嚇、挑戦として受け止めます。

——逆に、わたしとメンバーの関係がよければ、「このままだったら、どうなると思う?」という働きかけが、相手の心に響くというわけですか。しかし、どうしたら、関係がよくなるのでしょう。

二つの条件があります。「尊敬」と「信頼」です。

ドイツの社会心理学者、エーリッヒ・フロムは、**人のありのままの姿を見て、その人が唯一無二の存在、他の誰かに代えることができない存在であることを知る能**

力が「尊敬」であるといっています。

若いメンバーが同じ失敗を繰り返すのは、リーダーの指導の仕方に問題があるからだと、先ほどいいました。しかし、それだけではありません。若いメンバーが、仕事に取り組む勇気を持てる援助ができていないということでもあります。

――リーダーの仕事とは、メンバーが、自分に価値があると思えるように援助し、仕事に取り組む勇気が持てるように援助すること。以前にも、うかがいました。

そのような援助ができるためには、**「あるべき部下」ではなく、現に「ある部下」、ありのままの部下を認める**ところから始めるしかありません。**部下の行動ではなく、部下の存在に注目し、存在を承認する**こと。これをわたしは「存在承認」と呼んでいますが、フロムのいう意味での「尊敬」するということと同義です。

――折に触れて「ありがとう」をいうというお話もありました。これも存在の承認ですね。

さらにフロムは、尊敬とは、相手がその人らしく成長発展していくように気遣うことであるといっています。入社してきた人を会社に適応させるのではなく、若いメンバーがその人らしく成長していく援助をするということです。

ワードもできる、エクセルもできるというような**「ほかの誰とも交換しうる存在」として若いメンバーを見るのではなく、「唯一無二の存在」として見る**。このような意味において、上司が部下を尊敬してこそ、会社は発展していくのだと思います。

――わたしたち中高年が昔からやってきたことを踏襲するのでは、発展はありませんから。

若い人の感性、知性のほうが間違いなく優れています。

――もう一つの条件が、「信頼」でしたね。

ここでいう信頼は無条件です。**信じられる根拠があるときにだけ信じるのではな**

く、条件をつけないで信じる。あるいは、あえて信じる根拠がないときに信じるということです。

何を信頼するかといえば、二つあります。

一つは、課題を自分で解決する力があるということです。もしもあなたが、若いメンバーがつくるべき資料を代わりにつくってしまったとしたら、若いメンバーを信頼していないということです。その若者には、ミーティングの資料をつくるという自分の課題を、自分で解決する力があると信じていないということです。

実際のところ、その若者に任せてみれば、失敗するのかもしれません。しかし、できないと思われていることを知った若者は、仕事に取り組む勇気を挫《くじ》かれます。

――ああ、実際、わたしが代わりにやってしまったこともあるのです。あまりに重要なミーティングだったので、こんな場面で失敗するなんて、とてもじゃないけれど許せないと思って。

それは、若いメンバーが失敗したときの責任をとりたくないということですね。

――そうですね。心苦しいですが、保身といわれれば、その通りかもしれません。

もう一つ、何を信頼するかといえば、その**若いメンバーの言動には、よい意図があると信頼する**ことです。

――いつも資料の準備ができていないのは、悪気があってのことではない。そこは一〇〇%、信頼しています。

若いメンバーが進取の気性に富むなら、上司のあなたのいうことに対し、面と向かって異論を唱えることもあるかもしれません。そういうことがあったとしても、あなたのことを軽視しているわけではなくて、仕事や会社のことを真剣に考えているからだと、よい意図を信じなければなりません。

――性善説に立つ、と。信じられそうな相手だから信じるというのではなく、とにかく信じる。そうでなければ、よき人間関係など築けないというのは、その通りである気がします。

Dialogue 11

どうしても締切に間に合いそうにないときに

——先生、この前うかがったお話で、やっぱりもやもやするところがあるのですよ。

何でしょうか。

——若いメンバーの代わりに、わたしがミーティングの資料をつくってしまってはダメだということでしたね。確かに、一度、任せた以上は手を出してはいけないというのは、その通りだと思います。しかし、このままではどうしても締切に間に合わないというとき、やっぱりどうしたって、上司のわたしが手を出すしかないと

いう瞬間が出てきます。

二つのことが考えられます。

一つには、その若いメンバーに、締切に間に合わせる能力が今はない、ということです。将来、できるようになるかもしれないけれど、少なくとも今は無理である。その場合、上司としては、その人に今、そのような締切のある仕事を任せてはいけないと判断するしかありません。

もう一つは、**その若いメンバーには「上司にあきらめてもらう」という、隠された目的があるかもしれない**ということです。

――無意識のうちに、というわけですか！　それは考えもしませんでしたが、なるほど、そういうケースもあるかもしれませんね。若い人のなかには、締切になっても完成度が低いままの資料や報告書を上司に提出して、「最後は上司がなんとかしてくれる」と思っている人も正直いるように思います。

わたしとしては、本人が書いた「ビフォー」に対して、上司のわたしが「アフター」という完成形を示すことで、比較し、参考にしてもらいたいのです。そう

やって部下に「次は自分の力で完璧に仕上げよう！」という気持ちになり、成長してほしいという思いでやっているのですが。

締切を守れないということを繰り返せば、責任の重い大変な仕事を振られることがなくなって楽ができる。それが狙いであることもありえます。「無能力の誇示」ともいいますが、「できないから、期待しないでくださいね」と主張しているのかもしれません。

しかし、いずれにしても、その若者は勇気を挫かれています。

――しかし、わたしが見るかぎり、うちのチームの若者に「無能力の誇示」の印象は受けません。真面目に仕事に取り組もうという意思はあると考えています。とすれば、わたしの仕事の振り方に問題があるのでしょうか。

今の自分の能力を超えた仕事を任されると、勇気を挫かれる人は多くいます。

――そこは本当に悩ましいですね。管理職になって心を病んでしまう人が多いと

いうのも、自分がその立場になってよくわかりました。しかし先生、だからといって、簡単にできる仕事ばかりを与えるというのもどうでしょう。

人間、誰しも「今の能力を超えるかもしれない」と思うようなことを任され、それをやり遂げたときに、達成感を得て飛躍し、自信をつけるものです。だから、難しい仕事を任せないというのは間違いで、では、どのくらいの仕事を任せたらいいのかというと、そのさじ加減は非常に難しいです。徐々にレベルアップさせていくしかありません。

——あとは個別の判断で、先生のおっしゃる通り、手間をかけるしかないところです。

最初の「締切に間に合わない」という話に戻れば、デッドラインが迫ってきてから口を出してもダメです。もっと早い段階、まだ問題が表面化していない段階から、話し合うことが必要です。

それともう一つ、忘れがちなことですが、**締切を設定したからといって、それに**

間に合うように部下が仕上げてくれるというのは、当たり前のことではありません。それを当たり前だと思ってしまうと、「ありがとう」という言葉かけもできなくなります。間に合ったときに「ありがとう」をいうことを忘れてはいけません。

――ああ、確かに。わたしには、メンバーに対する感謝がまだまだ足りないのかもしれません。

社会に出たばかりの若い人には、覚えなければならないことがたくさんあります。失敗することもあれば、成績が伸び悩むこともあります。それを**頭ごなしに叱ったところで、できないことができるようにはなりません。関係が悪化するだけ**です。若い人には、リーダーの援助や助言が必要です。そして援助や助言を素直に受け入れてもらうには、関係がよくなければなりません。わたしたちがやりがちな間違いというのは、叱りつけて関係を悪くしてから、援助しようとすることです。これはもう、絶望的に不可能です。

――ええ、本当に。とにかく、まずは「ありがとう」なのですね。

Dialogue

12

部下の顔色をうかがうことについて

――ところで先生、以前の話に戻ってしまうのですが、いいでしょうか……。

どうぞ、どうぞ。

――「部下の言動によい意図があると信じること」と、先生はおっしゃったではないですか。部下との関係をよくするには、上司が部下に「尊敬」と「信頼」を持つことが必要である。「信頼」には二つあって、一つには、部下には課題を自分で解決する力があると信じること。もう一つが、部下の言動にはよい意図があると信じることだ、と。

その通りです。

――このうちの「部下の言動によい意図があると信じる」というのが、どうもわたしには難しいようなのです。部下に何かをいわれるたび、「こういうってことは、わたしのことを信頼していないのかな」と、つい悪い方向にばかり考えてしまうクセがあって、なかなか「よい意図」を信じられないのだと気づきました。

他人の心を読まなければいいのです。

――そうですか……。

これは誰にでもするアドバイスではなくて、心を読みすぎるタイプの人にだけいうことです。もともと人の気持ちを、少しも考えない人というのも現にいて、そういう人に「他人の心を読まなければいい」とアドバイスしたら、これはもう大変なことになります。

あなたのように**「人の心を読める」というのは大事なことで、リーダーとして必**

要なことでもありますが、過剰に人の心を読んでしまうと仕事になりません。

現実には、職場において、部下が上司の言動を悪い方向に捉えて、上司を悪者扱いするということは起きてしまいます。望ましいことではありませんが、部下の心を読むことではなく、部下の協力を得て仕事を成し遂げることです。

どうしても部下の心を読んでしまうのであれば、「よい意図があると信じる」しかありません。わざと、あなたが困るようなことをしたわけではない、と。そうすることでよい関係が築ければ、あなたの対応に問題があるときに、陰で悪口をいったりしないで、教えてくれるようになるでしょう。

――この前、先生に相談した若いメンバーの話に戻れば、なぜ毎回、その人がミーティングの資料を締切までに完成させられずにいるのか、わたしにはまったく理解できないのです。それでも、そこに何かよい意図があると信じなさいと先生はおっしゃる。それならば、そうですね……、実はとても丁寧に資料づくりに取り組んでいるから時間がかかっていて、この人はただ進捗管理が苦手なだけなのだとか。

そのように「部下のよい意図」を信じる努力を上司がするということが、よい関係の構築につながります。

――そうですね。少し難しいですね、このあたりは。部下や後輩の発言を、一度ネガティブな意味に捉えてしまうと、どんどん相手のことを信頼できなくなってきてしまって。

そういうことは、よくあります。

――それで、こちらも少し感情的になったりするのですが、実は、相手の本心はそうではない、ということが多いのでしょうかね。実際には。

あなたがネガティブに考えるように、相手が仕向けているという可能性はあります。あなたとの関係をこれ以上、近くしたくないという意図が向こうにあり、こちらとしても、相手との関係を深めたくないから、相手の言動のなかにネガティブな理由を見つけているのかもしれないということです。

少し厄介な部下がいて関係を遠ざけたいなら、遠ざける「理由」が要ります。そういうときに、相手の言動にマイナス面を見出すことで関係を遠ざける、ということを、無意識のうちにしているのかもしれない。

――うーん……。あまり認めたくはないですが、そういうところもあるかもしれない。

とはいえ、基本的なこととして、仕事は仕事、です。

わたしはフリーランスですから、「誰と一緒に働きたいか」で仕事を選ぶという場面は、多々あります。

そうはいっても、仕事は仕事なのであって、「誰がいっているか」ではなく、「何が語られているか」だけに注目するという姿勢は大事です。

若い人が主張していることでも、内容が真っ当であれば、採用しなければなりませんし、上司や先輩でも、間違ったことをいったら、「それは違う」という勇気は持たなくてはなりません。それが『誰が』ではなく『何が』ということで、仕事において基本となる姿勢です。

だから、**仕事のときには、わたしたちの心に起きる感情的なことは遮断する、**というか、そこにはあまり目を向けないようにする努力が、あなたのような繊細な人の場合には大事かもしれません。特に、ネガティブな感情に傾きがちなときには。

――「『誰が』ではなく『何が』」という指針は、力強い気がします。

わたし自身が、若い人と仕事をしていて思うのですが、若い人のほうが知性、感性は優れているものです。だから、若い人と一緒に仕事をして、「あなたの考えは違う」と反論されるのは当然で、それこそが仕事の醍醐味だと思ったほうがいい。あなたも、なんでもかんでも上司のいうなりという若者と一緒に仕事をするのでは、つまらないと思いませんか。

――確かに、細かなことまでいちいち判断を求められると、「ちょっとは自分の頭で考えてよ！」と、悲鳴を上げたくもなります。

それに比べれば、ちょっと生意気なくらいの若者と仕事をするのは楽しいものです。もちろん、人柄がいいということも大事ですが、「いっていることが正しいか」

を判断基準にするのは、仕事においては重要なことです。

――信頼関係ができているからこそ、若者も反論できるということもあるでしょう。

その通りです。

――逆に、若者が率直に反論してくれるから、上司としても安心して信頼関係を築いていけるというところもありますよね。

そうです。「こんなことをいったら、上司はどう思うだろう」なんて思われているうちは、若者は何もいってくれません。

若い人は失敗を恐れるものです。だから、失敗は人格とは関係ないということを伝える必要があります。特に、秀才型の若い人には。

若いときから「できない」経験をたくさんしてきた人は、それがいいこととは思いませんが、たくましいものです。しかし、**挫折した経験が乏しい秀才型の人とい**

うのは、社会に入ってから初めて経験した失敗に、打ちのめされてしまいがちです。そういう人に対して、わたしたちは、間違いを間違いと指摘するのはもちろんですが、それと同時に、その指摘は、仕事の内容に対する指摘であって、人格に対するものではないということを、しっかりと伝えておかないといけません。

そこがきちんと理解できたら、秀才タイプの若者も失敗を恐れなくなり、スケールの大きな人に育っていきます。

逆に、秀才タイプの若者が初めて経験した失敗に、上司や先輩ががみがみと叱ったり、怒ったりしてしまうと、何をするにも上司や先輩の指示を仰ぐようになってしまいます。いちいち指示を仰いでいたら、大きな失敗は避けられるかもしれませんが、独創性に乏しい、スケールの小さい人になってしまいます。それも困ります。

——そうですね。お話をうかがいながら、うちのチームのいろんな困った若者たちの顔が浮かんできました。いや、「困った」なんていってはいけません。個性豊かな若者たちということです。多様性に満ちたわがチームメンバーの、個々の可能性をどう開花させていくかが、わたしに今、直視すべき課題なのでしょう。

Dialogue

13

リーダーにとっての「嫌われる勇気」

――この前は、ありがとうございました。部下の顔色をうかがいすぎるわたしに、いろいろとアドバイスをいただいて、あらためて気づくことが多々ありました。そこで思うのですが、上司やリーダーにも、ある意味、「嫌われる勇気」のようなものが必要なのでしょうか。

上司の立場にある人が「嫌われる勇気」を持つと、あまりいいことは起きません。

――えええ！ リーダーは「嫌われる勇気」を持ってはいけないとは……。衝撃で

す。

「嫌われる勇気」は、わたしが以前に使って非常に話題になった言葉ですが、一人歩きしている感があります。あの言葉で、わたしは「嫌われなさい」といったわけではないのです。

「嫌われる勇気」という言葉を通じて、わたしがメッセージを送りたかったのは、弱い立場にある人たち、職場でいえば、部下の人たちです。そういう人たちには「いいたいことがあってもなかなかいえない」という状況がありますが、「上の立場にいる人の顔色をうかがわず、いいたいことをいい、いうべきことをいえるようになるべく、勇気を出さないといけない」と訴えたかったのです。

「嫌われる勇気」を持たなくてはならない人というのは、例外なく優しい人で、人の気持ちがわかりすぎて、「こんなことをいうと、相手を傷つけるのではないか」ということに過剰なほど注意を向ける人です。そういう人たちに、自分の発言によってほかの人が動揺したり、多少、波風が立つことがあったりしても、本当にいうべきことはいわなくてはならない、と訴えたかったのです。

――わたし自身は管理職になったとはいえ、先生にも指摘されたように、他人がどう思っているかを気にしすぎるところもあります。だから、「いうべきことをいう勇気」を持ちたいという気持ちも、強くあるのです。それは、どちらかというと上司に対して、なのですが。わたしは中間管理職ですから上司もいて、部下との間で板挟みになることもよくあり、そんなときに部下のために声を上げられる上司でありたいと願うのです。現実には難しい場面も多々あるのですが……。

そこには連帯していく姿勢が要ると思います。**自分がここでいうべきことをいう勇気を持てば、支持してくれる人は絶対いるのだ、と信頼しないといけない**。自分だけが孤立無援ではない。状況は変わりつつあるのだということをぜひ知ってほしい。

「嫌われる勇気」という強い言葉を使ったのには、そんな思いもありましたが、誤解する人も多いように感じています。「部下に嫌われてでも、いうべきことはいわないといけない」と考えるリーダーは、パワハラをすると思いますし、部下の考えに耳を傾けないと思います。だから、そういう立場にある人は、むしろ「嫌われる勇気」を持ってはいけないのです。

――しかし、ここまでお話を聞いてきて、先生の考える「理想のリーダー像」は少しハードルが高いようにも感じています。なんというのでしょうか、管理職になったら聖人君子にならないといけないのだろうか、といった印象を受けるのです。

先生の考える理想のリーダーとは、こんな感じですよね。何があっても部下を叱らず、命令口調も使わない。だからといって部下にこびるようなほめ言葉もいわない。それでも部下は、リーダーである自分を尊敬し、心を開いて率直に本音で話してくれる……。

このような先生のリーダー論には共感しますし、わたしもそのような存在でありたいと思います。ただ、実際のところ、部下が自分に率直になんでもいえるようにしようと思って日々、努力しても、わたしのようにもともと人付き合いが苦手で内気だと、なかなか部下との距離を詰めることができません。

アドラーは、**「不完全である勇気」**といっています。この勇気を持たないといけないと思います。

わたしの話を聞いて納得し、「こうやるべきだ」とわかったのなら、できるところから実践してほしいのです。そのときに、「聖人君子にならないといけないのか」などといったり、思ったりする人は、やるべきことを実行できないことを正当化するために、そういうことをいっているだけだと思います。

わたしの話に限らず、**「話はよくわかりますが、でも……」と反論する人のなかでは、教わったことを「実践しよう」という気持ちと、「無理だ」と主張する気持ちが「拮抗」しているわけではありません。「でも」といった瞬間、最初から「しない」と決心している。**その決意表明をしているようなものです。

ですから、「聖人君子にならないといけないのか」というようなことをいわない勇気を持たないといけません。

――なるほど。

とはいえ、一朝一夕で変わることはできません。

例えば、今まで部下を叱ってばかりいた人が、いきなり叱らなくなるようなことは無理でしょう。でも、この一週間を振り返ったときに、以前は一日三回、部下を怒鳴っていたけれど、最近は一日一回くらいで済んでいる、といった具合に、段階を踏んで自分を変えていく努力をしているのならばいい。あるいは、以前はすぐにかっとなってしまっていたけれど、最近はすぐにはかっとならず、かっとなってしまったときには後悔をするようになった、というだけでも随分、進歩しています。

――そういう自分を、自分でほめるというか。あっ、ほめてはいけないんですよね。やはり「勇気づける」ですか？

ええ、**自分を勇気づけないといけません**。

ハシゴもかけずに、いきなり二階の部屋に登るなどということはできないので、一歩ずつ、理想に向かって歩き始めていく勇気を持たないといけない。

いろんな人と話すと、よくいわれます。「頭ではわかる」と。

それならば、頭でわかってください。頭でわからないことは、実践できません。頭で理解したうえで、自分ができることから、少しずつやっていく。一朝一夕に自分を変えることはできなくても、そういう不完全な自分も受け入れる勇気を持ってほしいです。

不完全でもよりよくあろうと実践をしているリーダーを見て、部下は勇気づけられるはずです。「わたしもあんな人になりたい」と。

わたしもこうやって偉そうに話していますが、子どもが小さいときによく、わたしのところに駆けつけてきては、わたしの眉間のあたりを手で押さえつけ、いったものです。「最近のお父さんの眉間には、複雑なしわが刻まれるようになった」と。

子どもはよく観察しています。外では「叱ってはいけない、怒ってはいけない」などといっているけれど、「今、あなたは怒っている」と、さりげなく親に指摘してくれる。

そこで、「いやいや、わたしは怒ってなんかいない」といってはいけません。「教えてくれてありがとう」と、返すのです。

——ああ、そこでも「ありがとう」なのですね。

部下にも、伝えておけばいいのです。例えば、**「もう怒鳴らないようにするから」と宣言しておけば、部下はきっと、「今、怒鳴りましたよね」と教えてくれる**ようになります。「今の自分は不完全だけど、このたび『部下を頭ごなしに叱ってはいけない』ということを学んだ。ついては、これから行動、態度を変えていこうと思うので、よろしくお願いします」と、部下に宣言すればいいのです。

――それで実際、「今、怒鳴りましたよね」と指摘されたら、「教えてくれてありがとう」と、感謝の言葉をかける。

聖人君子にならなくてもいいのです。完璧にできなくても、少しでも変わろうとしている上司の様子を見たときに、部下もきっと「あんなふうに生きたい」と思うでしょう。

そして大抵、部下のほうがやすやすと実践し、上司が取り残されてしまうのですが。

――そこは、なんとなくわかります。人間は不完全なものであって、それでもやっぱり、少しでも不完全な自分を変えたいという意志を持つものです。そうやって、ささやかでも少しずつ歩んでいけば、やっぱり変わっていく部分がある。

そうです。

——わたしが、今の先生の言葉に納得できる気がするのは、子どもとのことがあったからです。先生と出会って、わたしは子どもとの接し方を変えようと決意し、少なくとも「『上から目線』で叱るのはやめよう」と、努力してきました。それでももちろん、「上から目線」で叱ってしまうことはあるのですが、変えようと努力はしていて、そのことで、子どもとの関係は以前より、ずっとよくなりました。わたしが自分を変えようとしていることを、子どもは子どもなりに理解してくれているのだと思います。

子どもさんはきっと、あなたの変化にすぐに気づかれたと思います。このごろは、前みたいに、当然のようには怒らなくなったな、と。それだけでも親子関係は大きく変わっていきます。リーダーと部下の関係でも同じことが起こります。その気づきが、親子関係を改善する大きな力になったのでしょう。

現状を追認し、「そういうものなのだ」と思ってしまうと、人間は何も変えられなくなります。わたしの話を「理想論だ」という人はかなり多くて、「そんなことは、とても無理だ」とよくいわれます。

でも、**理想は、現実と違うから理想なので、現実を追認するだけでは現実は変え**

られません。「子どもを叱らない」「部下を叱らない」ということは無理なのだというふうに、現状を肯定してしまったら、何も変わりません。

親が訳知り顔で説教したところで、子どもは少しも変わりません。**子どもは、大人の「いっていること」ではなく、大人の「していること」から学びます**。だから、親がいっていることに行動が伴わなければ、「あの人は、いっていることは立派だけど、やっていることがあれではね」と、冷ややかに見る。上司と部下の関係でも、同じです。

――いや、その通りです。

それから、あなたが最初に挙げられた**「人付き合いが苦手で内気である」ことと「理想的なリーダーになるのが難しい」ことは、まったく関係ありません**。

距離を詰める必要は必ずしもないと思います。仕事ですから、個人的な人間関係として距離を縮める必要は必ずしもない。そこを過剰に考えると「飲み会に参加しなくてはいけない」というようなプレッシャーになってしまいます。

――そういうプレッシャーは嫌ですね。

仕事は仕事なので、仕事のうえでの信頼関係を築くことで距離が縮まる。というよりも、「この上司は信頼するに値するな」と思ってもらえればいいわけです。それで結果として、距離はおのずと縮まるわけですが、無理に距離を縮めようなどと考える必要はないと、わたしは思います。

――なるほど、人間関係というのは、しっかり仕事をした後に、おのずとついてくる。そう考えたほうが気が楽です。特にわたしのような人付き合いに苦手意識のある人間には。

Dialogue 14

責任感に乏しい若者について

――先生、今日は昔の話をしたいのです。もう十年近く前の話になるのですが、わたしにとっては今も忘れられなくて、どうしたらよかったのかがいまだにわからないという出来事です。

どんな出来事でしょう。

――当時、わたしは経理の部署にいて、その日は後輩と一緒に給与計算をしていました。なかなか神経を使う、結構大変な業務です。その日の夕方、なんと停電がありました。勤務中に停電に遭うなんて、わたしの人生でそのときが最初で最後です。会社が入居していたビルで何かトラブルがあったらしいのですが、一、二時間で復旧しました。

そこで、ふと隣を見ると、一緒に給与計算していた後輩がいないのです。どうしたのだろうと、あちこちに連絡してみたところ、彼女は停電の後、自宅に帰ってしまっていたのです。その日、終わらせるべき給与計算がまだ終わっていないのにもかかわらず、です。わたしはびっくりして、彼女と話していた電話口で「えっ！なんで帰っちゃったのっ！」と、大きな声を出してしまいました。非難する気持ちも少しにじんでいたと思います。

結局、その日、彼女が会社に戻ってくることはなく、わたし一人で遅くまで残業して、給与計算をなんとか終わらせました。

その間、頭のなかは謎でいっぱいでした。停電したからといって、どうして彼女は大事な仕事を会社に残して、自宅に帰ってしまったのだろう。どうして復旧した後も、会社に戻ってこようとしなかったのだろう。どうしたら与えられた仕事をきちんと終わらせようという責任感を、彼女に持たせられたのだろう。先輩として自分は、どう働きかけたらよかったのだろう……。これらの疑問に対する答えを、わたしは今も見つけられないままでいます。

なかなか難しい問いですね。アドラーの言葉を借りれば、「なぜ」という問いに対する答えは、心理学者であっても、答えるのが難しいものです。「なぜ、あなたはそんなことをしたのですか」と問われても、それにきちんとした答えを出すのは、心理学者でもなかなかできるものではありません。

停電で家に帰ってしまった彼女自身に、「なぜ」と問うても、よくわからなかったのではないでしょうか。ただ気が動転してしまって帰ったというだけかもしれないし、何かほかに理由があったかもしれない。

今後のことを考えるしかないのであって、**過去の言動の理由を問うことにあまり意味はありません**。先に帰っていいはずはないことを彼女が知らなかったはずはありませんから、叱っても甲斐はなかったでしょう。

停電の後に、あなたが彼女にかけられた言葉というのは、次のようなもので十分だったと思います。「あなたが今、やっている仕事は大事なものです。今回の停電では幸い、大事に至らず、やるべきことを終えられてよかった。けれど、今日の仕事をわたしだけでやるのは大変だった。どうしていいのか判断に迷ったときは事前に一言、わたしに相談してほしい」と。

――わたしのどこかに、彼女に「相談しにくい」と思わせる何かがあった、ということでしょうか。

実際のところ、どうだったのかはわからないのです。わかりませんが、これまでの話に戻って、本人に確かめてみるしかないです。「わたしって、そんなに相談しにくい?」とでも、一言、聞いてみてもいい。

――いやあ、ちょっとハードルが高いですが……。でも、聞けないこともなかったですね。ええ、聞こうと思いつけば、聞けたような気がします。

繰り返しになりますが、社会に出たばかりの若い人には覚えなければならないことがたくさんあって、失敗するでしょう。うまくいかないことをたくさん経験しなければなりません。だから、先輩としては「困ったことがあったらいってほしい」ということを、常日ごろから伝えておくことが必要です。

――彼女にはおそらく、給与計算の仕事に対して、苦手意識みたいなものがあっ

て、ちょっと「逃げたい」と思っていたところがあったように感じるのです。

なるほど。

――そのためにわたしのほうも普段から、「まだ終わらないのか？」みたいな雰囲気で、彼女にプレッシャーをかけてしまっていて、それも停電で逃げ出してしまった原因の一つだったかもしれません。

それはあるかもしれませんね。それでも「帰るべきではなかった」とは伝えるべきです。責めるのではなく。

今の話は、先ほどの「人間にとって『なぜ』に答えるのは難しい」という話における、「なぜ」の答えだと思います。この「なぜ」に対する答えというのは、実は「目的」なのです。

――「なぜ」が目的……。行動することの「理由」が、実は「目的」であるということですか。

その人は無意識のうちに……。無意識というのは「いわれてみないとわからない」ということです。つまり、その人にあらためて尋ねてみれば、こういうことであったかもしれないと思い当たるということです。停電が起きて真っ暗になったタイミングで「あなたは、『これ幸い、今日は、もう仕事をしないで済む』と思ったのではないですか」ということです。

本人に尋ねてみたら「ああ、そうだったかもしれない」と答えるくらいのレベルの無意識です。そこを突いていくことにあまり意味はない、と、わたしは思うのです。

上司としては「この人は、何か理由をつけて、仕事から逃げたいと思っている人なのだ」くらいのことは、知っておかないといけないでしょう。そういう傾向がわかれば、「『この仕事はできない』と思ったときには、率直に『できない』といってほしい」と、伝えられます。そうなったときには、その時点で一緒に話し合おうと伝えることができます。

子どもたちがときどき「学校に行かない」と、いい出すことがあります。

そのときに必ず、頭やお腹が痛くなります。これは詐病ではなくて、本当に症状が出ます。本当に頭やお腹が痛くなるのです。なぜかというと「学校を休む理由」が必要だからです。**「休む理由」が必要だから、症状を作り出す**のです。アドラー心理学では、そういういい方をします。

――理由をつけて仕事から逃げ出す若者と同じ、というわけですか。わたしもかつて、子どもの不登校に悩んで、先生に相談したわけですが……。

わたしの息子も「学校を休みたい」といい出しました。学校を休むときには、親が学校に連絡しないといけません。子どもが勝手に学校に連絡して「今日は休みます」と伝えるわけにはいきません。だから、わたしは息子に尋ねました。「学校を休むなら、学校に連絡しようと思うけれど、なんといったらいい?」と。そうしたら「お腹が痛いので休むと連絡してくれ」と答えました。ちゃんと理由を教えてくれました。

そこで「三年×組の岸見です」と、学校に電話しました。「どうされましたか?」と先生に聞かれたので、「息子が『今日はお腹が痛いので休む』といっています」と伝えました。

わたしは「学校を休ませます」とはいいませんでした。なぜなら、学校を休むか休まないかは、親の課題ではなく、子どもの課題だからです。それで、「息子が休むといっています」といういい方をしたのですが、電話口の向こうでは、先生が不快な表情をされていることが手にとるようにわかりました。

本来、子どもが学校を休むのに理由は要りません。理由がないと大人が認めてくれないので理由をつくるのですが、子どもが学校を休みたいなら、ただ休めばいいと思います。

だから、わたしは息子にいいました。「学校を休むときには、『休む』とだけいってくれれば、学校に連絡する」と。そうしたら、「お腹が痛い」とはいわなくなりました。

先ほどのケースでも「停電という理由を探してまで、仕事から逃げなくていい」ということを、まず伝えたい。「この仕事は自分の手に余る」とか「自分の今の能力を超えている」と思うのなら、率直にいってほしいと伝える。そのうえでリーダーは、今のその人にふさわしい、今の能力に合った仕事を任せるという工夫をしていかなくてはなりません。それが、このケースについて、リーダーができることです。

――相手の「今の能力」というのを、相手の協力を得ながら推し量っていくというわけですすか。

経験のある人ほど、「これくらいのことはできるだろう」と思いがちです。まして、リーダーとして期待を寄せている若者であればなおのこと、「できるだろう」と思ってしまいます。しかし、**リーダーが思う「これくらいのこと」のなかには、若者にとって「できないこと」もあるはずで、そういうときは「できない」といってほしいと伝える。**

「できない」といってもらえれば、どうやったらできるのかを説明できます。きちんと説明してみれば、本人が思っているほど、難しくないということが判明するかもしれません。もちろん簡単なことではないでしょうが、やってみれば、今の自分でも無理というほどのことではない、という可能性は十分あります。仕事の難しさを過大評価しているから、停電で逃げ出してしまったのかもしれません。

だから、できないこと、わからないことを明らかにして、そこはきちんと手順を教えないといけません。

――ただ、実のところ、あのときの彼女は「難しくてできない」と思っていたのではないようなのです。「こんな単調な仕事は、本来、わたしのような人間がやるべき仕事でなく、ほかの人がやればいいのだ」と思っていたみたいです。

そこも、本人に直接、考えを聞くしかありません。ただ、本人はそうは思っていなかったけれど、その仕事が実はとても大事な仕事だ、ということはありますね。

――そうなんです！

わたしが昔、精神科の医院でカウンセラーとして働いていたときのことです。上司から受付の仕事をするように命じられました。「カウンセラーの仕事が入っていない時間には、受付をするように」と命じられたのです。

わたしは不本意でした。「カウンセラーとして就職したのに、どうして受付の仕事をしなければいけないのか。受付は、わたしの本来の仕事ではない」と。わたしは何も、受付の仕事を軽く見ていたわけではなくて、受付の仕事にはわたしよりももっと能力がある人がいるはずだから、わたしではなく、ほかの人がやるべきだと思い、上司にもそう主張しました。

でも、後から思えば、この主張は、わたしがこの仕事から逃げ出したいためにつくった理由でしかありませんでした。

そして、受付の仕事をするうち、気づきました。

受付の仕事は、わたしが最初に思っていたより、ずっと難しい仕事です。大きな病院には「総合受付」があります。なんとなく調子が悪いのだけど、何科を受診していいのかがわからない人が、総合受付に行って、自分は何科に行けばいいかを相談します。この総合受付に立つのは大抵、師長クラスの看護師さんのなかで最も優秀な人です。なぜなら、総合受付に立って患者さんの疑問に答えるには、あらゆる病気に精通しているのみならず、病院の仕組みにも精通していなければならないからです。

わたしが勤めていた精神科の医院の受付にも、同じ難しさがありました。このことに気づいたとき、わたしは受付の仕事を、むしろ自分から進んで引き受けようと思いました。

社会に出て間もない人には、そういう仕事の意義に対する説明が絶対に必要です。給与計算についても**「誰でもできる単調な仕事だと、あなたは思っているかもしれないけれど、そうではない」**ということを、きちんと説明しなければ、若い人にはなかなか納得できないでしょう。そういうことも直接、話し合ってみないとわかりません。そのときは、どうされたのですか？

——そのときにはきちんと話せませんでした。ただ、その後、一緒に仕事をしていくなかで、「これはわたしのような優秀な人間がやるべき仕事ではない」と彼女が考えていたようだ、ということがわかってきたのです。

仕事に軽重をつけるという考え方は好きではありませんが、どんな仕事であれ、基本を確実にこなせる人でなければ、もっと難しい仕事、もっと重要な仕事を任せることはできません。だから、彼女を責めることなく、「この仕事ができないのでは、もっと高度な仕事をあなたに任せることは難しい」ということは、冷静に話すべきです。「あなたはこれからもっと力が伸びていくし、あなたにもっと大事な仕事を任せたいとわたしは思っている。そのためには、しっかりと基本から仕事を習得してほしい」と、淡々と伝えることはできますね。

――ええ。

人は誰しも、相手から自分は重視されている、信頼されていると感じられるような働きかけをしてもらいたいものです。

――そういうことなのですね、あのときのわたしと彼女の間にあった本質的な課題というのは。彼女を一人の人として見て、尊敬と信頼を持って接しつつ、後輩としての課題に協働して対処する。そういう姿勢をわたしがとれていれば、何かが違っていたかもしれません。いや、かれこれ十年近く抱えていたもやもやが、今日、少し晴れた気がします。ありがとうございました。

Dialogue

15

年上の部下の頑固さについて

――先生、最近、ある年上の部下のことで悩んでいるのです。もうベテランなので、「数字を上げてもらわないことには評価できない」というのが、彼に対する経営陣のスタンスです。が、肝心の数字を上げられずにいます。

わたしが思うに、彼に能力がないわけではなく、むしろ高い能力を持つ人だと見こんでいます。それだけに、パフォーマンスを上げられずにいる現状がもどかしいです。

どこに課題があるかはなんとなく見えていて、提案めいた声かけもしています。しかし、本人のプライドを考えると、あまり直接的にはいえません。もっとはっきりいったほうがいいのかもしれないとも思うのですが、プライドを傷つけるリスク

を考えると、それもためらわれて、どうしたものかと悩んでいる、というわけです。

能力さえあれば必ず、高いパフォーマンスを上げられる、というわけではないですね。仕事というのは。

——そうなのですよ。彼はちょっと職人肌で、頑固なところがあるのですよ。「もう少し、ほかの人のアドバイスに耳を傾けてくれれば……」というのが、わたしも含めた部署のメンバー全員の総意だと思います。でも、なまじ能力があるだけにプライドも高く、ましてベテランとなれば、誰にとっても意見しにくい。こんなとき、どうしたらいいのでしょうか。

この問題にはいくつかのことが関係しますが、最初に、少し基礎的な話をしましょう。

リーダーには大雑把《おおざっぱ》に分けて、二つのタイプがあります。

一つは、「仕事という課題」だけに関心がある「課題達成型」のリーダー。もう一つは、仕事という課題よりむしろ「対人関係」に関心があるタイプ。「対人関係型」のリーダーです。

――なるほど、確かにそういうタイプの違いはありますね。今までに付き合ってきた、いろんな上司の顔が思い浮かびます。

これは、どちらがいいとか悪いといった話ではありません。

ただ、対人関係型のリーダーのなかには、「こういうことをいったら、本人のプライドが傷つくのではないか」と思うあまり、仕事のうえでの失敗であっても、それを部下に指摘することが難しい、と感じる人がいます。

――わたしもどちらかというと、そちらのタイプかもしれません。

仕事のうえでの失敗ならば、本来、人間関係は二の次、三の次にしていいのです。上司が部下の失敗を指摘することに逡巡《しゅんじゅん》する必要はありません。仕事のうえのことだと割り切って、本人のプライドとは無関係に「これは失敗である」といわなくてはいけません。

しかし、対人関係を気にするタイプの上司はどうしても、そこで矛先が鈍るというか、いいよどんでしまうことがあります。

失敗と同様、部下が自分の力を十分に伸ばせていないときにも、そのことについて上司は、きちんと部下に説明していかないといけません。これが一つ。

――肝に銘じます。それが一つとして、ほかにどんな課題があるのでしょうか。

もう一つは、リーダーに対して厳しいいい方にはなりますが、「部下が十分に力を発揮できていないとすれば、それは上司の責任である」ということです。要するに教育が足りない、きちんと指導できていないのです。

つまり、上司が自分のことを棚に上げて、部下の能力や努力の不足を責めるというのは、自分を責めていることに等しいということに、気づかないとなりません。

――確かにそうですね……。部下を「無能」といってしまった瞬間、リーダーとしての自分の無能を認めていることになるのですね。

これは、上司・部下の関係が、親子関係と大きく異なるところです。上司・部下の関係においては「課題の分離」が通用しません。

――「課題の分離」とは、子どものことで先生にご相談していたとき、たびたびうかがったお話です。

親子関係においては、例えば、子どもが勉強しないとしても、それはすべて子どもの責任であり、親の責任ではありません。成績が上がらないのは子どもが勉強しないからであって、勉強という子どもの課題に対して、親は一切、手出し、口出しする必要はありません。

――アドラー心理学における「課題の分離」ですね。

これ（課題の分離）ができたら、親子関係はそれだけでよくなります。子どもが勉強しなくても、親は一切、口出しする必要はありませんし、子どもの成績が悪くても、親は一切、気に病む必要はないのですから。

わたし自身、子どもたちに「勉強しなさい」といったことは一度もありません。わたしが「勉強しなさい」といわなくても、子どもたちはそれぞれ自分で判断し、熱心に勉強したり、あるいは勉強よりほかのことに関心を示したりしながら、学生時代を過ごしました。

いずれにせよ、勉強する、しないは子どもたちの課題であって、親の口出しすることではありません。仮に、成績がどんどん下がったとしても、それに親が関わる必要はないのです。

――ええ、我が家の問題も、先生に教わった「課題の分離」で、多くのことが解決しました。

しかし、職場において、部下の成績が伸びないとか、部下が失敗ばかりしているということであれば、上司がこれを「部下の課題だ」と、部下を切り捨てることはできません。部下と上司の「共同の課題」にしないといけません。

学校の先生も同じです。学校の先生にも「課題の分離」は通用しません。

例えば、学校の先生があるとき、娘さんの成績表を片手に家庭訪問にやってきて、「この成績表を見るとどうやら、おたくの娘さんは、わたしの授業についてこられないようです。だから、塾にやらせてください」といったら、どうでしょう。

――仮に、そんな先生がいたら「責任放棄だ！」といいたくなるでしょう。

ええ。娘さんが学校の授業についていけていないのであれば、それは本来、先生の指導法に問題があるからなので、先生がきちんと生徒にわかりやすい授業をすれば、生徒の成績は伸びるはずです。だから、自分の授業を棚に上げて、塾にやらせてください、というのは本末転倒です。

職場でも同じです。あなたが問題としているその部下が、あなたの見こみ通りに高い能力を持つのであればなおのこと、上司であるあなたは、その能力を伸ばしていかなくてはいけないわけです。

部下が思うような成果を上げられないのを、「部下の問題」と捉えるのではなく、指導している「わたしの問題」なのであって、わたしの指導法には改善の余地があると捉える。少なくとも「わたしたちの問題」であると考えるべきでしょう。

——そのような「わたしの指導法の問題」に気づいたわたしは、どうすればいいのでしょうか。

上司から部下に、どう働きかけたらいいか、ということですね。こういういい方はできると思います。

「最近のあなたの様子を見ていると、仕事で十分に能力を発揮できていないようだが、そのことについて一度、話をしたい」

そのようにいって、部下に相談しないといけません。

しかし、おわかりの通り、そんなふうにいわれることを、嫌う人はいるでしょう。いわれる部下も嫌かもしれませんが、厳しいことをいいにくいと感じる上司もいるはずです。

親が子どもに「最近のあなたの勉強ぶりはあまりよくない」といったら、どうなるでしょう。子どもだったら、反発します。子どもが最近の成績のことで、親や教師に「このままではダメじゃないか」「このままだったらどうなると思う？」といったことをいわれれば大抵、反発します。自分でもわかっているからです。自分でも「勉強しなければならない」とわかっているのに、親や教師にそのようなことをいわれたら、自分に対する「皮肉や威嚇、挑戦」であるとしか受け止められません。

ただし、それはあくまで、親子関係がよくなければ、です。

親子関係がよければ、「このままだったら、どうなると思う？」といわれても、子どもは、それを皮肉や威嚇、挑戦と受け止めません。

この点は、上司・部下の関係も同じです。そのような関係を、親は子どもと、上司は部下と、築いていかなくてはいけない。

――なるほど。親子関係と違うようで、共通するところもあるのですね。基本的な人間関係のよさが、厳しいかもしれない指摘をする土台として必要であると。

今、話したような「よい関係」を、部下との間に築けていれば、相手のプライドのことなど考えることなく、「このままだったら、どうなると思うかね」と切り出せると思います。さらに、その課題について上司として、部下と協力して解決することも、容易になると思います。

——その通りだと思いますが、現実には難しいです。今までの経験を振り返っても、相手に課題を「伝えた」つもりで、実はやっぱり「伝わっていなかった」のだと後から気づくということが何度もありました。なかなかはっきりいえることではありませんから。そういうときのコミュニケーションのとり方というのは、どうしたらいいのか……。

トレーニングする必要があるのでしょうね。本人のプライドを傷つけずにはっきり伝えるトレーニング。バランスをとるとでもいうのでしょうか。ああ、これは本当に難しいですね。

そこは、確かに難しいところですね。

——わたしが思うに、要は、お互いの目的、目指すところは同じなのです。「この仕事でいい結果を出すこと」という共通の目的があって、一緒に仕事をしているのです。その点を理解してもらえるような感じに表現できれば、もっとうまくいく気がします。

今のご指摘に付け加えるなら、**部下の言動の適切な面に注目していくという努力**は、していかないといけないでしょう。

――「部下の言動の適切な面に注目する」ですか。なかなか深い話である気がします。

それは例えば、部下が今日、出社したことも、当たり前のことと思わない、ということです。

――なるほど。今日、部下が出社してくれたことだって、十分にありがたいことではないかと、先生はおっしゃっていましたね。部下が今朝、定時に出社してきたということはおそらく、前夜に目覚まし時計をセットし、朝、眠気を跳ね返して敢然と起床し、着替え、朝食をとり、予定通りに通勤電車に乗ったのでしょう。コロナ禍の今は、それが朝にパソコンを立ち上げるという行為に変わっているかもしれませんが、それだって、十分に感謝するに値する努力ではないか、ということでしょうか。

そうです。そのような「当たり前でないこと」として、部下に声をかける。そうした地道な努力が、上司には必要です。

——今はリモートワークも多いですが……。それでも感謝のレスポンスを送ることはできますよね。

しかし、**上司はどうしても部下に理想を求めてしまいます。そして部下は「そんなことはとてもできない」と思う。そうやって勇気を挫かれている人が多くいます。**

部下の成績がよくなくてもいい、といっているのではありません。仕事では結果を出さないといけません。しかし、上司にしてみれば、部下が欠勤せずに出社したことも、自宅でパソコンを立ち上げてリモートワークを始めたことも、ありがたいことなので、「ありがとう」と言葉をかけたい。上司であれば、そういう言葉がけを、しっかりと地道にやっていきたい。

わたしは、先ほど「能力を発揮していない部下がいたら、それは上司の責任である」といいました。

――はい、上司にとってはなかなか厳しい言葉として受け止めました。

加えて、上司には**「部下の可能性にまで注目する」**ということが、絶対的に必要です。

――ううっ、大事なポイントですね。上司として、痛いところを突かれた気がします。それはつまり、「今はできていなくても、将来、できるようになるかもしれないこと」について期待し、評価する、ということでしょうか。

職場というのは今、本当に大変な場所になっています。昔だったら、例えば、わたしの父の世代だったら、終身雇用で、入社から十年、二十年も、目覚ましい成果を出さずに過ごしたところで、追い出されることはありませんでしたが、今は、早々に成果を出さなければなりません。

大学の先生も、今は一年に何本も論文を書いて学会で発表しないと、雇用が継続されないのです。わたしの息子が大学で教えているので、よく聞かされますが、本当に大変です。論文というのは、血のにじむような努力なくして一本だって書けるものではありません。そのような努力を何度も重ね、しっかりと目に見える形で成果を残し、その成果をアピールしていかなくては、職場にとどまることすらできないような社会になっています。

――若い人ばかりではありません。わたしが悩んでいる年上の部下も、数字を上げなければ、定年後の再雇用で不利になったり、失業したりするかもしれません。お子さんはまだ高校生だと聞くと、将来を考えて、より力を発揮してもっと評価されるようになってほしいと思います。だからといって、何かチャレンジングなことをしようとすればリスクも多く、ちょっとしたミスから顛末書を書かされてやっぱり再雇用で不利になる、という可能性もある。先生のおっしゃる通り、現代の職場には厳しい側面があって、ちょっとした戦場のようなところがあります。

このような厳しい社会にあって、この部下が今、十分に能力を発揮できていないとしても「いつか必ず、能力を発揮できるであろう」と、部下の可能性にまで注目できるリーダーであってほしい。

部下は、別に上司の期待を満たすために仕事をするわけではありません。それでも**「今、十分に成果を上げられていなくても、この上司は受け入れてくれている」と思えば、仕事に励む**でしょう。そういう気持ちに部下がなれないでいるのであれば、そうさせている上司に責任があるのです。

わたしは**「存在承認」**という言葉を使うことがあります。**「その人が生きていることに価値があると認める」**という意味です。これはもちろん、仕事の成果とは別問題で、それ以前に「あなたが一人の人間として生きていることに価値がある」ということを、きちんと部下に伝えたい。これは、親子関係と同じです。

――ああ、確かに。親子関係に悩むとき、最後は「存在承認」に行き着くものですが、部下との関係でも「存在承認」が大事なのですね。

親は、子どもが病気であろうとなかろうと、自分の理想と違おうと、成績が悪かろうと、働いてなかろうと、とにかく生きていたら、それだけでありがたいはずです。それをきちんと、言葉で伝えるべきなのです。「今日もあなたと過ごせて幸せだった」ということをいうべきなのです。

けれど、親も上司も、子どもや部下に理想を押しつけてしまいます。そして、そんな理想は達成できないと思った子どもや部下は、努力することすら放棄してしまう。

本当のところ、「そのままでいい」といっても、現実にはそのままではよくないこともあるのですが。

——ええ、そうなのです。

しかし、少なくとも「あなたはそのままでもいい」「そのままで価値がある」というところから、すべては始まるのであって、親子関係だけでなく、職場でも同じです。

——本当にそうですね。子どもに対しても、部下に対しても、「ありのままでいい」「ただ、そこにいてくれることに感謝する」といえる親であり、リーダーでありたい。あらためて、そんな気持ちを思い出しました。

ところで、そんな気持ちを表現する言葉というと、やっぱり「ありがとう」なのでしょうか。「ありがとう」以外に、いい言葉が思いつかないというのも、このと

ころちょっとした悩みなのですが。

「ありがとう」がいいですね。どんなときにも「ありがとう」です。どんなことに対しても、「当然」と思わないことです。どんなことも当然ではなく「ありがたい」。だから「ありがとう」です。とにかく、朝から晩まで、どんなことにでも「ありがとう」といえる機会を見つけて「ありがとう」と声をかける。「ありがとう」は、「ほめる」ということとはまったく別の言葉がけです。「えらいね」「すごいね」ではありません。**「ありがとう」というのは、相手のしてくれたことが、自分に「貢献した」ことを伝える言葉**です。

人間は「自分が貢献した」と感じられたときに、「自分に価値がある」と思えます。

自分は役立たずではなくて、自分が役に立てた、「貢献」ができたと感じたときに、自分に「価値」があると思える。そして、自分に「価値」があると思えたときに、自分には「能力」があると思える。

職場であれば、**自分に仕事をする「能力」があると思えるためには、自分には「価値」があると思えないといけないし、「価値」があると思えるようになるには、**

「貢献感」を持てなければならない。「貢献感」を持つのはときに一人だけでは難しく、誰かが援助をしなければならない。それは上司の役割です。

例えば、コピーをとってほしいときには、それをやってもらえるのが当然であるかのように、命令口調でいってはいけません。そして実際、コピーをとってもらえたのなら、何もいわないのでなく、「助かった、ありがとう」という。本来、自分がやらないといけないことを代わりにやってもらえて、すごく助かった、ということを、きちんと言葉で伝える。そういうことを上司が地道にやっていくことで、自分が貢献しているということを感じた部下はきっと、上司に対して信頼感を持つでしょう。

――それが、先ほどおっしゃっていた「このままだったら、どうなると思うかね」という言葉を使ってもいい関係。そのような上司の言葉を聞いたとき、部下が「自分に対する皮肉や威嚇、挑戦」だと感じない関係、ということなのですね。こうした人間関係を実現するのは簡単ではありませんが、ハードルが高くてもわたしはそこを目指したい。今、心からそう思います。

そうです。それと同時に、「相手の言動の適切な面に着目する」ということでもあります。このようなことを日ごろからきちんとしていないと、仕事のうえで厳しいことをいえませんし、それこそあなたがベテランの部下に対して懸念しているように、「プライドを傷つけられた」と感じるかもしれません。

逆に、このような地道な努力を上司が積み重ねていけば、仕事上のことで厳しいことをいっても、「この上司は基本的には自分のことを受け入れてくれている」と部下は思っていますから、「プライドを傷つけられた」とは思わないでしょう。ただ、「仕事上のミスを指摘された」だけであって、「自分自身がダメだ」といわれたわけではない、と。

パワハラ上司というのは、そういう地道な努力をしない人です。「おまえは、何をやらせてもダメだ」という人格攻撃をします。

――やっぱり、基本的な人間関係が大事なのですね。

パワハラ上司の多くは「対人関係型」です。**仕事は仕事と、ビジネスライクに割り切れない上司が、往々にして部下の人格を攻撃する**のです。

――耳が痛いです。対人関係型の上司というのは、「仕事という課題」以上に「対人関係」に関心がある上司のことでしたね。そして「仕事という課題」にだけ関心を持つのが、課題達成型の上司でした。実はわたしはもともと、自分のことをビジネスライクなタイプだと思っていたのです。しかし、先生と対話するなかで、実は「対人関係型」の部分もあることを再認識させられているところです。それだけに今のは耳が痛い。

課題達成型の上司の下で働くほうが、部下はラクです。何事もビジネスライクに割り切って、仕事だけで評価する上司のほうが、部下は付き合いやすいとわたしは思います。日本の職場は全体に対人関係型に傾きすぎているので、行きたくない飲み会にも行かなくてはならないわけです。

――しかし、対人関係型と課題達成型の上司の違いについて、先生は「どちらがいい、悪いという問題ではない」ともおっしゃっていましたよね。

結局、みんなでいい仕事をしていければ、それでいいわけです。

ただ、その際、自分と職場の人たちが、どちらのタイプであるかを知っておくことは役立つと思います。

対人関係にこだわる上司や部下がいる場合、手続きをしっかり踏んでおかないと、もめることがあります。例えば、新しいことを始めようとしたとき、対人関係型の上司が「わたしは聞いていない」と怒り出す、といったことがよく起きます。そこは事前に根回しをするとか、対策を打っておけばいいのであって、わたしはよく、そのためのちょっとした悪知恵を若い人たちに授けています。

――その悪知恵の中身も面白そうですが、今日はだいぶ長話になってしまったので、そちらはまた別の機会にしましょうか。

Dialogue

16

会社の業績悪化を受けて

——先生、ここだけの話にしてほしいのですが、ここのところ、勤務先の会社の業績がよくないのです。新型コロナウイルスの感染拡大の影響を受けた格好です。そうでなくても変化の激しい時代ですから、どんどん新しいことを試していかないといけないと思うのですが、わたしの勤める会社はどうも少し保守的なところがあって。わたしの部署でも、会社の業績の悪化を受けて、通年の目標が引き上げられたり、コスト削減を求められたりと、プレッシャーが強くなり、なかなかしんどいです。

新型コロナで起きたことというのは前例のないことですね。

――ええ、その通りです。しかし、わたしが物心ついてからというもの、バブル崩壊に加えて、リーマン・ショックがあったり、大きな震災があったり、正直、前例のないことの連続です。そういう時代にあって、リーダーのあり方というのも変わっていくべきではないかと思うのです。

前例があることとないことでは、対応が異なります。

過去に同じような事例があって、それを参照しながら、どういう対応をすればいいかを考える、ということについては、得意な人は多くいると思います。「答えは多分出るだろう」「過去の事例を参照すれば、そこにきっとなんらかの解決のヒントがあるだろう」とわかっている。そういうタイプの事態を前にしたときに、力を発揮できる人は今までにも多くいたと思います。いわば秀才型のリーダーです。

しかし、新型コロナウイルスに関しては、それがどのようなものかもわからないところからそもそも始まっていますし、ワクチンの接種が進みつつある今も、今後の見通しがつく人など誰もいないのです。

――その通りです。職場でも、新型コロナの影響がこの先どのような方向に向か

うのか、わたしはもちろん、誰も見通せません。

上司も部下も先のことがまったくわからないこの状況のなかで、どうするのか。まず、上司というか、**リーダーも「自分が答えを持っていない」ということを率直に認める勇気が要ります。答えを知らないのに、「知っている」かのようにふるまってしまうと、かえって信頼を失う**ことになります。

こういうふうに考えてみたらいかがでしょう。

「答えがないかもしれないとき、あるいは準備ができていないときこそ、自分の本当の実力を発揮できる」

わたしは講演会をしますが、緊張するのは、後段の質疑応答です。一人で話す前段は、事前に準備できれば、無難にこなすことはできます。ところが、その後の質疑応答はまったく準備ができません。どんな質問が出てくるのかわかりませんから。しかし、「そういうときこそ、自分の実力が発揮できるのだ」と思っています。

リーダーも同じで**「自分にも答えはわからないけれど、答えがなく、準備がないときにこそ、自分は実力を発揮できるはずだ」**というふうに思えるといいでしょう。

もう一つ大事なのは、**チームのメンバーに「根拠のない安心感」を与えてはいけない**、ということです。

前例のない状況にあるとき、楽天主義はダメです。部下に対して、「大丈夫だ。我々ならなんとかこの危機を乗り越えられるのだ」などと、根拠もなくいってはいけません。「何事が起きているのかもわからない」という前提に立たないといけません。

そして、根拠のない安心感を部下に与えようとして「情報の隠蔽」をしてはなりません。あなたは先ほど、会社の業績が悪化しているといっていました。わたし自身も新型コロナの後、仕事は非常に少なくなりました。同じようなことはあちこちで起きていて、それを会社という組織のレベルでいうと「我が社の業績は今回のことで悪化している」となる。しかも「改善する見こみもあまり立たない」。この真実を隠さないで、ちゃんとチームのメンバーに伝える、ということがリーダーの役目です。それなのに真実を隠蔽してしまうと、信頼を失うことになるでしょう。

――悪い情報を伝えるというのは難しくて、どんなタイミングでどう伝えたらいいか、迷います。

新型コロナウイルスの感染拡大の初期、日本の感染者数は、欧米と比べて少なく抑えられていました。それはたまたま結果として、うまくいっているように見えていただけだったのですが、それを捉えて、何もしていない国のリーダーたちが、あたかも自分の手柄のようにいってしまう、ということがありました。

会社でも、偶然の幸運を、上司があたかも自分の手柄のように語ってしまえば、部下の信用を失うでしょう。

――ええ、よくあることです。

手柄の横取りをしてはいけないと思いますし、「一緒になって危機を乗り切っていく」ということが大事です。現実問題として、このどさくさに紛れて、社員に随分ひどいことをしている会社もあります。だから、リーダーとしてあなたは、「どうなるかわからないけれど、自分は組織とメンバーのために力を尽くしているのだ」ということを、きちんと鮮明に押し出さないといけない。

新型コロナの感染拡大初期のことに話を戻せば、西洋諸国などは、日本と比べて感染者数も死亡者数も非常に多かったですが、リーダーに対する国民の信頼は、日本より厚かったように思います。「うちのリーダーはやってくれているようだ」と。

——ああ、ドイツのメルケル首相のスピーチは、わたしも記憶に残っています。東ドイツ出身のメルケル首相が、渡航や移動の自由の価値を強調しつつ、行動の制約に理解を求めたメッセージは、日本にいたわたしの心にも響きましたし、周囲にもそのような感想を持つ人が多くいました。けれど確かに当時、ドイツの状況は日本よりはるかに悪かった。

だから、**リーダーは結果ではない**のです。

あなたの会社でも、この危機を乗り切って、経営的にも何も問題ない状況に持っていければもちろんベストですが、**たとえ最悪の事態を招くことになるとしても、このリーダーだったらついていきたいと思える**リーダーにならないといけない。このコロナショックを受けて、そんなこともリーダーとして考えていかなくてはならない。

——しかし、今のこの厳しい状況を正直に伝えてしまうと、みんながすごく不安

になってしまうのではないかとか、やっぱりいろいろ考えて、迷いが生まれます。

ええ、その通りだと思います。勇気が必要です。

――それでもやっぱり勇気を持って、正直に、包み隠さず、つまびらかにして、そのうえで「みんなで一緒に頑張ろう」という意識をつくることが大事ということですね。

その通りです。リーダーが保身に走ってはいけません。

組織のために、部下のために働くのがリーダーです。もちろん自分一人で何もかもはできないのですが、リーダーとして「できるかぎりのことをしたい」ということを、きちんといわないといけない。そのためには、根拠のない楽天主義を振りかざしてはいけない。

この話に関係してくるのですが、アドラーは**「共同体感覚」**という言葉を使っています。この言葉の**英訳は「social interest」で、「他者への関心」と訳してもいい。**

組織のリーダーに限らず、あまりに多くの人が今、自分にしか関心がない。「今起こっていることは、自分にとってどんな意味があるのか」ということしか考えられない人が多い。そんななかで、リーダーは少なくとも他者に関心を持ち、他者のために自分に何ができるか、ということを考えていける人でないといけない。

そのあたりを、きちんと部下の前で表明していく機会を持つ必要があるでしょう。

——しかし、厳しい状況を包み隠さず明かされると、部下はやっぱり不安になると思います。そこにどう対応すればいいのか……。だからこそ「部下に関心を持つ」ということなのでしょうか。どのような言葉かけがよいか、人それぞれに違うわけですから。

その通りです。少なくとも「不安を持つ必要はない」「不安を持たなくていい」などということは、いってはいけません。不安を訴える部下に、「いや、そんなに不安に感じる必要はないのだ」と上司がいったところで、なんの勇気づけにもなりません。

そのうえで、「みなが一緒になって乗り切っていく」というスタンスに立つ。

先ほどから、リーダーへの負担が強いことを申し上げていますが、わたしの考えでは、**リーダーが部下を「率いる」必要はありません。**この危機を乗り切るために、**リーダーのあなたが一人で動かないといけないわけでなく、自己犠牲を強いられる必要もありません。**「我々に何ができるかを考えていこう」ということを、リーダーが部下に語りかけるのが「民主的なリーダーシップ」であり、「実はわたしもわからないのだ」ということを、率直に表明していいと思います。

「わたしも不安だし、あなたたちも不安かもしれないけれど、この状況を一緒に力を合わせて乗り切っていこう」

そういえる上司であれば、部下から信頼されると、わたしは思います。

Dialogue

17

リモートワークの不安について

――新型コロナにまつわる悩みはほかにもあって、リモートワークが進みましたよね。うちの会社も出社は原則しなくていいことになり、一カ月に一、二回しか会社に来ない部下も普通になりました。

ええ、そうですね。

――通勤時間もなくなるし合理的というのはわかるのですが、やっぱりチームのメンバーがすぐ顔の見えるところにいないというのは、リーダーとしては不安です。どうしても雑談的なコミュニケーションが大幅に減ってしまい、部下としては

ちょっとしたわからないことを聞きにくくなったり、上司としてもチームのメンバーが何に悩んでいるのかがわからなくなったりして、アドバイスもしにくくなっているように感じているのです。

わたしは、リモートワークはもっともっと進んでいいと思っています。

――なんと、そうなのですか。

極端な話をすれば、リニアモーターカーなんて、もう要らないのではないですか。わざわざ出張する必要はもはやなく、リモートで会議をすればいいのですから。

――でもやっぱり、リアルに対面する会議と、リモートの会議は違って、司会をしていいて難しいと感じます。

今までのような会議をしていたら、若い人はついてこないでしょう。昔ながらの上司というのは、ただ「その場にいる」だけで存在感を示し、部下を威圧していました。そういうリーダーは、もう要らないのです。

オンラインの会議では、「発言しない」のであれば、「その場にいない」のと同じです。

――確かに「雰囲気」で威圧するのは、難しいですね。

だからこそ、きちんとリーダーが発言し、部下も発言できるという雰囲気や状況をつくれる可能性が高い。これが、リモートワークのメリットです。だから、わたしはオンラインで対話する形の仕事をもっと進めていくのがいいと思います。

もはや元に戻る必要はありません。かつてわたしたちは、満員電車に詰めこまれ、長い時間をかけて通勤することを当然と思っていました。しかし、新型コロナに巻きこまれてわずか一、二カ月で、実はそんなことをする必要はなかったのだということに、気づいてしまったのです。

それなのに、感染が少し収まるたびに、元通り、全員が毎日出社して、対面で会議したほうがいいという会社が多く出てきます。せっかくリモートでできるようになったのなら、これからも続けていけばいいとわたしは思います。

――なるほど、先生はリモート推進派でしたか。わたしは、やっぱりちょっと感覚が古いのでしょうかね。メンバーとリアルに顔を合わせて気軽に話したいという感覚が、どうしても残るのです。

リモートワークというのは、「民主的なリーダーシップ」をつくり出しやすい環境だと思います。

――リーダーと部下というのは役割こそ違うけれど、あくまで「対等」の関係にある。それが、先生のおっしゃる「民主的なリーダーシップ」でしたね。

ええ、そうです。リーダーと部下は対等の関係にあるという前提に立てば、リーダーが「力」で部下を率いるのは間違いです。「言葉」によって、協力関係を築くことを目指すというのが、リーダーの本来あるべき姿だとわたしは考えます。

——そのような関係に基づいて、子どもが親に、部下がリーダーに、いいたいことをきちんと発言できるのが、いい家庭であり、いい組織である、と。

リモートワークの環境は、そのようなリーダーシップをつくり出しやすいと思います。

——なぜですか？　なぜリモートワークのほうが、民主的な関係になりやすいとおっしゃるのですか。

「空気」がないからです。

リモートワークの環境には、空気がないのです。だからわたしも、最初は正直、オンラインで人と話すのには慣れなかったですし、難しいと思っていました。

新型コロナウイルスの感染が拡大してから、講演会もオンラインでやることが増えました。まだ慣れないころには、このパソコンの向こうに五百人もの人たちが集まっているのだと、主催者に聞かされて驚いたこともありました。集まった人たちの顔が見えるときもありますが、五百人も集まるときには大抵、聴衆の顔は見えません。質疑応答で質問される人ですら声だけで、顔が見えないということもあります。

最初は不安でした。何しろ話をしているときに、聞いている人がどういう反応をしているのかが、まったくわからないのですから。たとえていえば、非常に強いスポットライトが自分にだけ当たっていて、客席に座っている人たちの表情がまったくわからない。そんな状態で話さなければいけないような気持ちです。

――わかります。カメラをオフにされてしまうと、わたしが業務連絡などをしている間、メンバーがどんな顔で聞いているのか、まったく見えないので、不安になります。

そのうち、わたしは、逆に割り切ってしまいました。

以前の講演では、わたしの話を聞いて、みなさんがどういう反応をされているかに応じて、話題を変えていました。例えば、若い人がたくさん集まっている講演会で、子育ての話をしてもあまり受けません。ですから、すぐに状況を判断して恋愛の話をするとか、以前はそういうことができましたし、実際にしていました。

これはある意味、「空気を読む」ということです。

そういうことがもうできないとなったら、いっそ、空気を読むのをやめよう。自分としてきちんと話をすればいいいし、それをどう受け止められるかということは、受け手のほうに任せればいい。そう割り切るようになりました。

オンラインの会議も同じで、従前の会議のように上司の顔色をうかがって、「こういうことをいったら、どう思われるだろうか」などということを気にしないで、自由に発言できる状況にあります。

これが先ほどのご質問に対する答えで、リモートワークが民主的なリーダーシップを促進するのは、「空気がないから」です。これを、もっともっと生かしていってていいのではないでしょうか。

――なるほど……。しかし、うちの若いメンバーが実際のところ、リモート会議についてどう感じているのかというと、わたしには正直、わかりません。

大学の先生たちは、口をそろえていいます。リモートで授業をするようになったら、学生が以前より質問するようになったと。

――ああ、それはわたしも知り合いの先生から聞いたことがあります。

わたしも大学で教えていた時期がありましたが、講義中に質問を募っても、学生は質問しないのです。講義が終わってから、列をなして質問に来るのです。

――それは面倒ですね。

ええ、講義中に質問してくれたら、全員でシェアできます。一人の学生の疑問をみんなでシェアすれば、わたしの話が十分に伝わっていないところや、理解してもらえていないところを補う形で、みんなに話ができる。

それなのに、実際には、学生が人前で発言するのを恥ずかしいと思って、後から一人で質問にくる。教師からすれば、一人のために時間をとるというのももったいない話で、そこで三十分も時間をとられるのなら、講義中に質問してほしいとわたしもよく思ったものです。

ところが、授業をリモートにした途端、学生たちが今までよりも、はるかに授業中に質問してくれるようになった、と、喜んでいる大学の先生たちが多くいます。

それと同じで、リモートの会議では、発言したいことがある人が発言しやすいのです。

――なるほど、今までは空気を読んで「恥ずかしい」と思って質問できなかった人が、オンラインでは質問しやすくなった……。そういわれると、そういうところもある気がします。チャット機能もありますしね。うちのメンバーのなかに、チャットだとよく質問をしたり、問題提起したりしてくれる若手がいて、今までだって頭のなかでは考えていただろうに、なんで口に出してくれなかったのかな、と思っていたのですよ。

そこは会議アプリのよさで、生かしていきたいですね。

リーダーシップという観点から考えると、オンラインでは、その場の空気で威圧したりできない。ちゃんとした言葉のコミュニケーションで、意見をくみとれる。会議アプリというのは、まさに「言葉で話す」ためにつくられた道具ですから。そこで真のリーダーシップが問われやすくなりますし、これを契機に、そういう状況にしていかなければなりません。

これはツイッターで読んだのですが、自宅でリモート会議に臨んでいた夫の机に妻からメモ用紙が差し出された。そこになんと書いてあったかというと「偉そうね」。

——ああ、怖いですね。うちの子どもも、パソコンの前で話すわたしの姿を見て、「外ではこういう人間なのか！」という驚きがあるようです。よくも悪くも。「なんだか会社では偉そうな話し方をしているんだね」といわれてドキッとしたこともあります。

リモートワークでは、普段、家で見せない姿を見られるわけです。家族に。そこでの話し方がすごく横柄だったり、威圧的だったりすれば、当然、注意を受けるという場面も生まれます。こういったことも今回、リモートワークの推進で起きた大きな変化の一つです。

——でもやっぱり、メンバーの顔が見えないというのは、リーダーとして不安なものです。何も「ちゃんと仕事をしていないんじゃないか」と疑うわけじゃなく

て、「元気にしているかな」とか、「仕事のことで何か思い悩んではいないかな」といった心配のほうが大きいものです。同じオフィスにいたときには、顔色や声の調子から察するものがあったのだと、あらためて対面することの価値を感じました。対面で接していたときには垣間見えた、部下のプライベートな一面であるとか、感情といったものが見えにくいことに、ある種のやりづらさを感じるのです。

それは、そうですよね。わかります。

でも、そういう仕事以外のことはもう、あまり考えなくていいと思います。

――考えないようにしよう、ということですか。

というか、考えなくていいのです。

リモートワークが推進されれば、「この会議」に出ているときだけ、仕事に意識を向けたらいいのです。目の前にあるこのパソコンが会社の人たちとつながっているときだけ、仕事に意識を向けたらいいのであって、それ以外の時間において、仕事はその人の生活に大きな比重を占めなくなっていきます。ある意味、楽かもしれないですね。

ただ、あなたも含めて、仕事というものをそういうふうに割り切れない人は、確かにいる。仕事というのは、やっぱり対面して、そのなかで生まれる「対人関係」こそ重要だと思っている人にとっては、リモートワークはとても物足りなく感じられるでしょう。

しかし、**「仕事そのもの」だけを考えたとき、ムダな時間を全部、取っ払って捨てられるというのは、悪いことではない**と思います。

――そうですね……。仕事以外の生活を大事にしたい若者にとっては、むしろいいことなのかもしれませんね。

仕事の後の飲み会にも行かなくていいですしね。

――「会社は家族」というような、多くの日本企業にあった伝統的な価値観が大きく変わるかもしれませんね。昔は、社員旅行があったり、社内で運動会があったりする会社も多かった。歓送迎会や忘年会も当たり前のようにありましたね。こうし

たカルチャーはコロナが長引いて、大きく変化している。

その通りです。その代わり、ということではないですが、家族と一緒に暮らしている人にとって、家で仕事をするということは、「やむを得ず」かもしれませんが、家族と接する時間が増えるわけです。それは大事なことです。

今までは、仕事だけのために生きてきたかのような、ワーカホリックな人生を送ってきたけれど、これをきっかけに、仕事よりも大事なことがこの人生にある、と気づいた人は多いのではないでしょうか。

例えば、ある社長さんが、会社の命運をかけたプロジェクトについて役員から報告を受けている。リモートで行われているその会議に、社長さんは三世帯同居の自宅から参加していて、実は、社長さんの孫がいつ何時、その大事な会議に乱入してくるかわからない、というようなことも、こんなご時世では十分にありえます。

――確かにそうですよね。わたしも、似たような経験があります。大事な会議の大事な場面で、子どもが「ただいまー！」と帰ってきて、それで緊張感が失せるというか。

でも、それは、以前よりも人間らしい生活を送っているということです。そういう意味で、否応なくリモート会議が普及したことがきっかけになって、自分が働いていることの意味を見直す機会が得られたという人は、少なからずいると思います。

――確かに、日本の多くの男性には、伝統的に「会社が家族」で、本当の家族が家族でないようなところがありましたね。

そう思います。あなたが今、感じられているように、リモートワークには大変なことも多いですが、メリットもかなり多いのではないかとわたしは思っています。

今、「アフターコロナがどうなるか」を多くの人が議論していますが、そんなことを考える必要はないと思います。

むしろ単純に**「コロナ前に戻ってはいけない」**と考えることが大事です。

この間に、わたしたちはいろんな価値観の変化を経験しました。そして、新しく知ってしまった価値観のほうが優れていると思ったなら、もはや元に戻ってはいけません。

今日、あなたと話したのは、「働くこと」に関する価値観の変化でしたが、わたしたちは決して「働くために生きている」わけではないのですから。

――ええ、そうありたいと思います。現実には、生活に必要なお金を稼ぐという側面もあるけれど、だからといって、お金を稼ぐのを目的に生きたいとは思いません。

ええ、「働くために生きているわけではない」というようなことをわたしがいえば、たちまち反論されます。「生計を立てないと生きていけないではないですか」と。でも、本当はそうではないですね。

以前にも話しましたが、わたしは心筋梗塞という病気と長年付き合って、毎日「ワーファリン」という薬を飲んでいます。死ぬまで毎日、生き続けているかぎりずっと毎日、飲み続けなければなりません。

だからといって、「薬を飲むために生きている」わけではないのです。

働くことも同じです。

――働くために、生きているのではない。

そう、幸福であるために働き、生きているのです。

一生懸命に働いているけれど、働きがいをまったく感じられないとか、少しも幸福を感じられないと思う人がいるならば、働き方に改善の余地があるということです。もしかしたら、自分に向いていない職種かもしれないし、会社なのかもしれない。今回のコロナ禍というのを、そういうことを考えるきっかけとして生かそうと考えてもいいのではないでしょうか。

第3章

中間管理職が抱く「部下としての悩み」

Dialogue

18

あまりにも横暴な同僚について

――先生、わたしが期せずして管理職に指名されたとき、最初に「嫌だ」と思ってしまったのは、これまでに「嫌な上司」というのをたくさん見てきたからなのですよ。

そうおっしゃっていましたね。

――そういう「嫌な上司」には、必ず取り巻きのような人たちがいて、これがまた厄介というか、不愉快というか、いろいろと困った事態を引き起こすのです。

わたしから見るに、先生はとても優しい人で、基本的に性善説に立たれているのだと思います。けれど、現実に組織のなかで働いていると、びっくりするような人もいるのです。

いるでしょうね。

――例えば、気に入らない人間を排除するための陰謀のようなものをめぐらせていたりする。そういう信じられないほど恐ろしい人たちの存在に、どう対処したらいいのか、ということを、今日はひとつ、先生と語り合ってみたいのです。

あなたはおそらく、特定の誰かをイメージされているのではないですか。

――ええ、まあ、そうなのですが……。今、プロジェクトチームで一緒の仕事をしている人に、何があっても「自分が悪い」と絶対、認めない人がいて困っているのです。

彼には、過去に華々しい実績がいくつかあります。そこに奢《おご》りがあるようにわたしは感じるのですが、彼は今、自分の担当している分野で成果が上がらないことに

ついて「取引先が悪い」「メンバーが悪い」「上司の指示が悪い」などといっては、周りの人のせいにして、攻撃するのです。こういうタイプの人は、どんな組織にも一定の比率でいるものですが、彼はわたしが見てきたなかでもその程度が著しくひどくて、周囲の人たちは傷つき、モチベーションが下がり、メンタルを病む一歩手前というメンバーまでいます。ところが本人は、一向に気にしていないというか、周囲の人を傷つけているという認識すらないように見えます。

そういう人というのは確かにいて、基本的にプライドが高い人です。そして、基本的には無能なのです。こういう人たちが基本的に「無能」であることについては、また別の機会に説明したいと思いますが、彼は間違いなく、自分が無能であることを自覚しているはずです。自覚しているから、**自分が本来は無能であることを隠すために、他者に、あるいはほかの出来事に責任を転嫁している**のです。

このような事実を、わたしたちはまず「知っておく」必要があります。「わたしたちは」というのは、あなたも含めた「周囲の人間は」ということです。まず事実として知る。要するに、「この人は、こういう人なのだ」と認識するということです。

そして、このタイプの人には「課題達成型」というよりは「対人関係型」の人のほうが多い。

――「課題達成型」の人というのは、「仕事という課題」だけに関心があるタイプの人のことですね。そして、「対人関係型」の人というのは、仕事という課題よりむしろ「対人関係」に関心があるタイプだと、この前、教わりました。

そうです。プライドが高く無能な人というのは、本来の仕事そのものより、仕事を取り巻く対人関係のほうに関心を寄せる人が多いものです。そのような人が、「自分は仕事ができない」という事実を隠すために、それを周りの人のせいにする、ということがあります。

――だから、周囲の人たちに対して、攻撃的になるわけですね。

こういう人と出会ったら、「この人は、こういう人なのだ」ということで付き合っていくしかない。

――割り切るわけですか。

その人と付き合わないでいいのならば、それが一番いいですが、仕事ならばそういうわけにもいかないでしょう。

ただ、付き合わなければならないというときに、「そういうものだ」と思って付き合うのと、そうでないのとでは、随分と違います。

その人が、自分が負うべき責任をあなたに転嫁してきたら、あなたとしては「それは間違っている。違います」と、はっきりいうしかないですね。

――そうですね。そこは、はっきりさせないとまずい。

そうでしょ?

自分に都合のいい主張をいい立てる人に対して、「あなたはそうお考えかもしれないけれど、それはまったく事実無根で、その問題はわたしとまったく関係ないでしょう」ということを、はっきりいわないとならない。それをいえば当然、波風は立ちます。けれど、そういうときにこそ「嫌われる勇気」が要ります。

誰かがそういうことをきちんといわないと、いつまでも状況は変わりません。

――そうですよね……。つまり、そういう人を変えようと思ったところで、なかなか変えられるものではないというわけですね。

その人は、いろんな人に悪口をいいまくるタイプで、上司をいいくるめられなかったときには、上司の上司に直談判する、なんてことまでします。困ったことに、なぜか偉い人に取り入るのは上手かったりするのですよ。

こういう人って、いろんな組織にいますよね。このタイプの人が、自分の目の前に現れたら、「ああ、また、こういう困った人が現れたな」と認識して、そこはもう嫌われても仕方ないから、いうべきことをはっきりいっていくしかない、ということなのですね。

人間は自分の損になることはしません。自分の得になることしかしない。

――そうですね。

では、何が得なのか、何が損なのか。**プラトンの言葉では「善か悪か」なのですが、自分にとって「何が有利であり、何が不利か」の判断を間違う人がいます。**

つまり、周りの人から見て「困った」と思うようなことであっても、ご本人は「いいこと」だと思っているから、そのような行動をとるわけです。そのような人が「今のような態度をとる」ことが、自分にとって「決して得にならない」とわかれば、その人はきっと、行動を変えるだろうと思います。

――わたしは先ほど、先生の言葉から「あの人のことを変えようと思ったところで無理だ」ということで、納得しようとしていましたが、そういうわけでもないと先生はおっしゃるわけですか。

わたしが何をいいたいかというと、そういう無茶苦茶な行動を支持する人がいる、という事実です。

――ええ、確かにいるのですよ。その無茶苦茶な彼の取り巻きのような人たちが。

そんな無茶苦茶なことをいったり、したりする人ですら、「この人のいうことを聞けば、出世するかもしれないし、得になるかもしれない」と思う人がいる。だから、いつまでもそういう人が職場でのさばる。

だから、先ほどもいったように「それはダメだ」と、その人に伝え、職場のみんなにも伝えていくしかない。一朝一夕には変わらないかもしれませんが、少しずつ、何かが確実に変わっていくはずです。

——なるほど、先生のおっしゃる「この人は、こういう人なのだ」と思って付き合うという対処法は、その人を変えることを「あきらめる」こととイコールではないのですね。そう考えると、少し明るい気持ちになれます。

Dialogue

19

職場の「仲良しグループ」について

——しつこいようで恐縮ですが、この前、ご相談した「横暴な同僚」のことに、まだわだかまりがあって……。先生に、ご意見をうかがいたいのです。

あんなに横暴な人が職場でのさばっているのはなぜだろうかと、あらためて原因を考えると、会社にある種の「仲良しグループ」があるからだと気づきました。その人は直属の上司だとか、さらにその上の上司と仲良くしていて、プライベートでよく飲みに行ったりしています。周囲の人たちが彼の主張を、ある程度、受け入れてしまうのは、そんな彼と上層部との関係性を認識しているからだと思います。

つまり、彼はある意味、「虎の威」を得ている。だから、「わたしは上層部とつながっている。あなたたちより上なのだ」「おまえたちは形式上はわたしの上司だが、

実際にはわたしの下なのだ」といった態度をとり、それが許されると思って暴言を吐いている。そんな言葉や行動が、チームのメンバーの心を深く傷つけているという構図です。

それは「劣等感」という言葉で括《くく》れますね。

――劣等感？

あなたのいう**「虎の威を借る人」には、「自分は本来、劣っている」という自覚があります**。つまり、「自分は本来、ほかの人が持つような力を持てないのだ」と、どこかで思っているのです。

そこで何をするかというと、**「補償」**をします。自分が本来、劣っていることを補うために、上司に取り入ったり、部下を貶《おとし》めたりするというのは、よくあることです。

これを、アドラーは**「価値低減傾向」**といっています。

「価値低減」とは、「価値を低くする、価値を減じる」ということです。**「自分の価**

値を高める」努力をしないで、「他者の価値を低める」ことで相対的に自分の価値を高めようとするのが「価値低減傾向」です。

――なるほど、そう説明されるとすっきりします。

この呼び方には、わたしは賛成できないのですが、アドラーは「第一の戦場」「第二の戦場」といういい方をします。

「第一の戦場」とは、仕事の場のことです。仕事の場を「戦場」と捉えることについていえば、わたしは反対です。ただ、とにかくアドラーはそう呼んでいます。

仕事を戦場と捉えれば、その戦場で戦っていくことが、本来の仕事です。

しかし、その戦場では自分は有能ではないとわかっている人が、例えば、部下との関係において、部下を「第二の戦場」に呼び出します。**「主戦場」ではなく「支戦場」に部下を呼び出す**といった、いい方もします。要するに「第二の戦場」、ないし「支戦場」において部下の価値を貶めることで、上司である自分の価値を高めようとする。

――パワハラには多く見られる構図です。

「支戦場」ですから、本来の仕事とは関係ありません。**本来の仕事と関係ない場所で、部下を罵倒したり、部下の価値を貶めたりして、相対的に自分の価値を高めようとする。そういう人たちには「劣等感」がある**のだと、アドラーは考えます。

そういう人たちは、偉そうな態度をとったり、自分は有能であると誇示したりするかもしれません。

でも、**本当に有能な人は、自分が優れていると誇示するようなことは絶対にしません。優秀な人は、ただ優秀であるだけ**です。それをわざわざ誇示する人というのは、劣等感があるとアドラーは考えるし、わたしもそう考えます。

パワハラ上司に遭遇するのは災難ですが、そんなとき、こんなふうに思って付き合ったら、自分の受け止め方は随分、変わってくると思います。多少ひどいことをいわれても平静を保ちやすくなるでしょう。

――ええ、実は、劣等感の裏返しなのだと考えれば、かわいらしい気もしてきます。

しかし……。今のお話をうかがっていて、ふと疑問に思ったことがあります。

なんでしょうか。

——「支戦場」にメンバーを呼び出していじめるような人が、本当に全員、「主戦場」において無能なのでしょうか。そこにわたしは疑問を覚えるのです。

わたしの友人に、かつて社内初の女性部長に抜てきされた人がいます。抜てきされて一年後にパワハラで降格されました。彼女の当時の仕事ぶりを思い出すと、「主戦場」だけに集中していれば優秀なのに、下手に「支戦場」に関心を向けてしまったがゆえに、足をすくわれたような気がします。彼女にパワハラ傾向があったことは、友人であるわたしも認めざるをえないのですが、初めての女性部長ということで周囲のやっかみもあり、彼女がメンバーにきつく当たったことが、男性の上司以上に問題視された気がします。

性別の問題はさておいても、彼女のように「主戦場」に集中すれば優秀なリーダーが「支戦場」に関心を向けてしまうというのは、本人にとっても会社にとっても非常に損で、もったいないことだと感じます。こういうことが起きるのを、防ぐ

方策はないのでしょうか。

あなたが指摘される通り、「主戦場で無能だから、支戦場に行く」という人ばかりではないとは思います。

「主戦場」に集中できない人というのは、対人関係を重視する人です。そういう人は、確かに、主戦場の仕事だけでは満足できないかもしれません。主戦場で勝利を得てもなお、支戦場でも勝とうとして戦う。そういう事象も起きるでしょう。

対人関係を重視する人のなかにも有能な人はいるでしょうが、**仕事以外の場にまで関心を向けた時点で、もはや優秀なリーダーではなくなる**のです。

――本来の仕事に集中すれば有能な人に、余計な人間関係に気を逸らさずにいてもらうには、どう働きかけたらいいでしょうか。つまり「主戦場」で有能ならば、「支戦場」に気を逸らさないでほしい、ということなのですが。

「支戦場」にいるときのその人とは、極力、付き合わないようにするということです。そういうときは何をいわれても、軽く聞き流す。聞き流すしかないのです。

そういうタイプの人たちは、「支戦場」にいるときでも注目されがちです。怖い上司だとか、仕事と関係ないところでも部下や取引先の人を叱り飛ばすような人というのは、なぜか存在感があって、尊敬しているわけではないけれど、どこか一目を置いてしまいます。そのような状況にあると、対人関係型の人というのはますます図に乗るといいますか、やることがエスカレートしていきます。

だから、どこかで「そういうことをしなくても優秀なのだ」ということを伝えたい。

――それはつまり、「支戦場」でおとなしくしてほしいならば、「支戦場」にいるときは相手にしないようにせよ、というわけですか。

相手にしないというより、注目しない。子どもが大きな声を出して泣くときと同じです。子どもが大声で泣くと、親は周りに迷惑だから、「やめなさい！」といったりします。しかし、こういうときの子どもは注目を求めているのであって、「やめなさい！」と親がかまうのはむしろ逆効果です。大声で泣いていても、そのことに注目しないことです。

――「支戦場」でマウントをとる上司は、親の関心を引きたくて泣く子どもと同じということですか。

はい、仕事の場面において有能なのであれば、そのことに注目しなければいけません。**パワハラするような上司であっても、仕事に貢献があれば、そのことには注目しないといけない**し、仕事で有能であると自信がつけば、わざわざ他の場面で注目を集めようとしなくなるでしょう。

――支戦場では相手にしない代わりに、主戦場での貢献を取り上げ、大いに評価し、感謝するということですね。先ほど先生は、「そういうことをしなくても優秀なのだ」ということを伝えたい、とおっしゃっていましたね。その意味が今、わかりました。

それで一朝一夕に変わるわけではないですが。

先ほど、まだ十分に力を発揮できていない部下の可能性に注目する、という話をしました。支戦場に部下を呼び出すような人というのも、基本的に自信のない人です。だから、「今回の仕事、すごく驚きました」「わたしもあれくらい、できるようになりたいです」「あなたの助けがあって、うまくいきました。ありがとうございます」といった言葉はかけていくべきでしょう。

おべっかを使う必要はまったくありません。使ってはいけません。主戦場における、その人の仕事ぶりについて思ったことを、言葉で伝えていけばいいと思います。

Dialogue

20

職場の飲み会を「断る勇気」

——実は先生、会社の「仲良しグループ」の話でもう一つご相談があるのです。

この前、わたし自身が、例のグループの飲み会に誘われたのですよ。どこの会社にもある話だと思うのですが、「このグループ」に入らないと出世できないというような人間関係があって、この誘いに乗れば、わたしもその輪のなかに入っていくことになるかもしれないし、断れば、まあ、今まで通り、派手な出世とは縁のない人生を送るのでしょう。自分でもバカだと思うのですが、いざ直面すると本当に悩ましい選択で、ちょっと考えこんでしまっています。

そうですか。わたしにはすごくシンプルに見えます。あなたにとっての答えはシンプルで、「そういう類いの飲み会には参加しない」ではないのですか。

——そうでしょうか。

だって、あなたはそういう人間関係が嫌いで、だから期せずして上司になったとき、あれほど悩まれていたのですよね。

——はい、そうです。

それならば、そういうふうに決めておけばいいのです。「仲良しグループ」は、内側の結束は強いけれど、外側に対しては排他的です。

——その通りです。

そして、あなたもいわれる通り、そういうグループはどんな組織にもある。

わたしは、そういう集団には所属しないと昔から決めていて、そのことでたとえ不利な目に遭っても意に介さなくなりました。極端に聞こえるかもしれませんが、そんな集団に入らなければ出世しないような会社であるなら、そんな会社で働く必要はない。それくらいに思っておいたほうがいい。そんなことで評価されるような会社に、今後十年も二十年も勤める価値はありませんから、さっさとその会社からさよならしてもいい。ご自身の信条に従うなら、それくらいの気持ちでいていいのではないですか。

そういう考えを支持する人は多くいるのです。内心、「それは、おかしいのではないか」と思っている人はたくさんいて、そう思っているなら、内心の本音に従って行動すればいい。そういう人が増えると、確実に社会が変わっていきます。あなたのような人は、社会を健全なものにしていく活動だと思って、「そういう内輪の飲み会には参加しない」と決断し、実践していかないといけないと思います。

――でも、そういう飲み会に参加していないと、「人付き合いが悪い」とかいわれちゃって、それがやっぱり怖いのですよね。でも、それを恐れる必要はなくて、正直に……。

そこについては、「あの人は確かに人付き合いが悪いけど、仕事はできるな」と思われるように、仕事に精を出すしかないでしょう。本当はみんな、そういう生き方に憧れているのです。**つまらない人との付き合いは避けて、仕事に精を出すという生き方に憧れる人は確実にいる**はずなので、そういう人たちと連帯しているという意識が大事だと思います。

――ああ、この前に語り合った、「主戦場」で頑張る、ということですね。確かに、おっしゃる通りです。そして、そのように頑張っている人間はわたし一人ではないと信じる。

ええ、事実、そうなのですから。

――なかなか大きな声で語り合えずにはいますけれど。ええ、今回の誘いは、適当に理由を付けて断ることにします。一度、断ればきっと二度と誘われない話だと思いますから。代わりにまた、先生のところに話しに来ますね。

Dialogue

21

経費の使い方が派手な人について

――ところで会社で大きな成果を上げている人のなかに、お金の使い方が不透明な人がよくいます。営業系の職場には特に多くて、先日、ご相談した「横暴な同僚」なども、実はその一人です。こういう人たちと、どう付き合っていったらいいものでしょうか。

仕事で成果を上げるうえでは取引先との関係は重要で、関係を深めるために会食が必要になる場面はあるし、そこでの飲食費を経費で落とすというのはわかります。わたし自身も必要なときは使っています。けれど、この同僚などは選ぶ店だとか金額だとかが、さすがに度がすぎていないかと気になるのです。

こんなとき、どうしたらいいのでしょう？

ルールに照らし合わせてダメなら、ダメでしょう。

――いや、そうなのですよ。実は最近、親しい業者からキックバックをもらっているることに気づいて、証拠をつかもうと動けば、つかめる状況にあるのです。

それなら、なおのこと野放しにしてはいけないですね。そこはビジネスライクに、きちんというしかない。それはもう「不正」なのですから。

――そうですよね……。

でも、その人は「許される」と思っているわけですね。

――ええ、その通りです。「俺がどれだけ、この会社を儲けさせてやったと思っているんだ！」と、反論する姿が今から目に浮かびます。

わたしたちが理解しなくてはいけないのは、その人の本当の「目的」は「個人的に飲み食いをしたい」「個人的にお金を得たい」ことである、という事実です。
その目的を正当化するために「わたしは仕事で成果を上げているではないか」とか、「仕事で成果を上げるのに必要なのだ」という理由を、後付けで持ち出しているだけなのです。そういうことを、上に立つ立場の人は知っておかないといけません。たとえ、その人が「これは会社のため、仕事のためだ」と弁明しても、「いや、それは違う」と、毅然たる態度でいえるようでないといけない。

——それができない上司というのも案外、多いものです。わたし自身、その立場に立ったとき、きちんとできるかというと……。できる自分でありたいですけれどね。

でも、接待の飲食費にはじまり、経費で不正をしがちな人が出世してしまうと、将来、何かもっと大きな不正を起こすのではないかというリスクを、わたしは強く感じるのです。

そのリスクは、あるでしょうね。

――この人は、何かあったら一線を越えちゃうのではないかという不安が湧いてきて。

政治世界は、そんな話ばかりです。一度、謝っても、すぐにもとの地位に返り咲くわけです。国のトップにいる人たちがそうであれば、企業のトップにもそういう感覚があるのかもしれません。上にいる人たちが、不正が許されるという感覚でいたら、下にいる人たちが不正をやめるはずがありません。だから、早いうちに不正の芽を摘みたいとあなたが思うのは当然のことで、その人が腹を立てようが、組織に波風が立とうが、あなたは証拠をそろえて、いうべきことをいうべきだと思います。

――しかし、相手は成果を出している人ですから。

わかります。でも、そんなやり方で会社が儲かっても、意味がありません。

――そうですよね。

個人のレベルに置き換えて考えれば、不正を犯して儲けるなんていう生き方はつまらないし、幸せではありません。会社だって、そうでしょう。

人は結局、自分の得になる行動しかしないと、前に話しましたね。ですから、不正で稼ぐような人がいたら、それを認めないという「前例」をつくることが大事です。それは見せしめでもなんでもなく、単純に、ルールに基づいて組織を動かすというだけのことです。

Dialogue

22

上司の「心ない一言」に傷ついたときに

――考えてみれば、わたしは中間管理職ですから、上司であると同時に部下でもあります。それで、最近、ひどくショックを受けた出来事がありました。

先日、人事異動に伴う歓送迎会で、久しぶりに部署でささやかに宴席が開かれました。その際、お酒が入っていたせいもあってか、直属の上司からひどく辛辣な言葉を聞かされまして……。

怒られたり、叱られたりするだけならまだいいのですが、具体的な同僚の名前を挙げて、「どうしておまえはあいつのようになれないのだ」「あいつだったらこういうときは、こんなふうにやってくれるぞ」と、みんなが話を聞いているなかで比べられたのです。「比べられる」というのはなかなかしんどいもので、どう自分の気

持ちを立て直したらいいものか、今もわからずにいます。

そういう上司には、「あなたは、そういうふうにお考えなのですね」といえばいいのです。

「どうしておまえはあいつのようになれないのだ」などと、他人と比較することで自分の価値を貶めるようなことをいわれたとしても、それは「その上司の自分に対する評価」でしかありません。

その**「評価」と、自分の「価値」は、別物だと割り切らなくてはいけません。**

職場でなく、プライベートでも「あなたって、すごく嫌な人ね」といわれたら、誰だって落ちこみます。でも、それはその人の自分に対する「評価」であって、そんなふうにいわれたからといって、その言葉で、自分の「価値」が下がるわけではありません。逆に、「あなたって、すごくいい人ね」と、恋人にいわれたら舞い上がるかもしれませんが、それは恋人のあなたに対する「評価」であって、その言葉によって、あなたの「価値」が高まるわけではない。

そのように、「評価」と「価値」を分けて考えればいい。

――なるほど「誰かの評価」と「絶対的な価値」は違うと、自分にいい聞かせる。

わたしの娘も就職活動中に何社も落とされて、それでも割合、平気そうな顔をしているから、「この子は結構、強いのだな」と、わたしは思っていました。でもあるとき、夕食を一緒に食べていたら、「こう見えても、わたしも結構めげるのよ」といわれて、はっとしました。めげますね。連日、ダメ出しされたら。うれしいはずがない。

そこで、今あなたにしたような「評価」と「価値」の話をしました。

仕事であれ、人格的なことであれ、**誰かから「評価」を受けて落ちこむことはよくあります。けれど、その「評価」が必ずしも正しいとは限らない**、ということを、わたしたちは知っておかなくてはなりません。

わたしは本を書くので、オンライン書店に自分の本のカスタマーレビューが書かれているのを目にすることがあります。★が五つ付くと満点ですが、★が一つという評価があって、レビューを読むと、一行だけ「くだらない」と書いてある。そんなことだけでも、落ちこみます。たくさんの人が高く評価してくれても、たった一つのダメ出しでひどく落ちこんでしまうところが、人にはあります。

でも、そんなことで落ちこんでしまう自分を克服していきたいと思いますよね。

——ええ、思います。なんで上司のあんな発言を、いつまでもうじうじと気にしているのかと、自分でも腹が立つんです。

そんな**つまらない基準で人を評価するような上司の評価によって、自分の精神的健康を損なう必要などないのだ**、と、断固たる思いを持ってほしい。

——しかし、先生も★一つのカスタマーレビューに傷つくこともあるのですね。先生のような人ならば、まったく意に介さないのだと勝手に思いこんでいました。★一つのカスタマーレビューを目にして落ちこんだとき、先生はどうされているのですか。

いいレビューを読みます。

講演会ではいつも、聴衆のなかに二つの人を見つけるようにしています。

一人は斜に構えていて、どんな話をしても聞き入れないような人で、講演会の目標は、その人にわたしの話を受け入れてもらうことです。どんな話をしても、「そんなことはないだろう」といった顔で聞いていて、そもそも、なぜわたしの講演を聞きにきたのかがわからないような人です。そんな人を納得させることが、この講演の目標だと思って頑張るわけですが、その人だけを見ていると勇気を挫かれてしまいます。

だから、もう一人、別のタイプの人を見つけます。それは、どんな話をしてもニコニコとうなずき、熱心に聞いてくれる人です。厳しい顔をしている人ばかり見ていたら勇気が挫かれてしまうので、ときどき、もう一人の人の顔を見ます。すると「あ、話が伝わっている」「わかってくれている人がいる」と、勇気を回復できる。

――そういう努力を意識的にしていかないといけないのですね。

あなたが今、どういう共同体のなかにいたとしても、「自分の仲間はどこかに必ずきっといる」と思えることは大事です。現実問題として、「みんながみんな、自分を貶めるひどい人たちではないのだ」ということは、知っておかないといけない。

大きな声を出す人が目立つ社会であっても、多数派は「サイレント・マジョリティー」です。今、パワハラに遭っていてつらいとしても、そんな自分を、みんなは黙って応援してくれているんだ、と思えるようにならないといけない。パワハラだけでなく、あらゆる場面において、自分にダメ出しする人ばかりではないし、むしろそういう人は少ない、ということを知っていれば、「どうしておまえはあいつのようになれないのだ」という上司の言葉も、ひどいカスタマレビューも、受け流せるようになります。

――でも、たった一人の評価であっても、低い評価を受ければ自己評価は下がりがちです。

そうですね。

――そちらばかりを気にして、励まそうとほめてくれた人の言葉のほうを、逆に聞き流したり。

ありますね。「あの人のあの言葉は、本心ではないだろう」などと疑心暗鬼になってしまったりして。

――理想をいえば、上司の批判を正面から受け止め、自らを変えていく人間でありたいのですよ、わたしは。けれど、そのために自分の味方になってくれる人の存在を忘れてはいけないし、味方になってくれる人は必ずいる。そう信じることが、わたしたちが強く生きていくには必要なのですね。

Dialogue

23

「俺とおまえ」と「パワハラ文化」

──先生とこのところ、対話させていただいて、自分が長年の会社勤めで感じていた違和感が、いろいろと可視化されてきた気がします。例えば、「おまえ」という言葉遣いです。わたしが社会人になったころは、上司の一人称といえば「俺」。そして、わたしたちのことを「おまえ」と呼ぶのが一般的でした。古い体育会系的な体質とでもいうのでしょうかね。

今でも、そういう言葉遣いをする人はいますが、かなり減りました。

今思うと、信じられません。部下とはいえ、他人のことを「おまえ」呼ばわりするなんて、失礼じゃないですか。しかも、他人の面前で「おまえの仕事は全然、なってない！」などと、罵倒するのが当たり前だったのですから。

それは、先日話した「価値低減傾向」の一例です。「おまえ」と呼ぶことで、部下の価値を相対的に貶め、それによって自分の価値を相対的に高めようとする行為です。他人の面前で叱るという行為も目的は同じで、自分の価値を高めたくてやっているのです。

だから、本当に優れた上司であれば、そんなことはしません。

ずっと昔、わたしが勤めていた塾では、竹刀を持った教師がいて、生徒たちを叩いていました。その塾は全体にパワハラ体質で、わたしもあるとき、上司の許可を得ないでコピーをとったという理由で、ひどく怒鳴られました。しかも、生徒の面前で。

――そんな理由で怒鳴るとは。

ええ。そんなことで怒鳴られれば、働く者として勇気を挫かれますし、「こんな職場でなんか働きたくない！」と、強く思いました。

――当然、そうなりますよね。

「おまえ」という言葉遣いも含めて、怒鳴ったり、叱ったりするパワハラ的な言動は部下の勇気を挫くので、あってはなりません。そういうことを誰かがいわなくてはならないし、「そうではないやり方」を、誰かがモデルとなって示していかなくてはなりません。

パワハラ的な体質の人の、パワハラ的な行為を止めるというのは、非常に難しい課題です。しかし、そのような**パワハラ的な言動をとらずとも、部下が嬉々として働き、リーダーを信頼して一生懸命、仕事をしている組織があるという現実を目の当たりにすれば、何かが変わるはず**です。そういう新しい組織の存在を知らしめる努力を、わたしたちはもっともっとしていくべきだと思うのです。

――わたしも、小さいながらもチームのリーダーとして頑張っていかなくてはなりませんね。

パワハラ的な行為に出てしまう人たちというのは、普通にしていたら「尊敬されない」と思いこんでいるのです。「おまえ」と呼んで威嚇したり、怖がらせたりしないと、尊敬されないと思っている。**それも劣等感です**。

しかし、**尊敬は、強要できません**。いくら「わたしを尊敬しなさい」といっても、部下から「この人は尊敬するに値しない」と判断された上司が、部下から尊敬されることなど決してありません。

――その通りです。

だから、上司の多くが、アドラーのいう「第二の戦場」や「支戦場」に部下を呼び出し、部下の価値を貶めようとします。

――そのような構造的な問題があるとすれば、昔ながらの「俺とおまえ」という上司と部下の関係性を完全に消し去るのは、難しいかもしれません。

ええ、今でも「わたしは上司から叱られて育ててもらったのです」などという人が経営陣に多くいます。しかし、そんな一個人の事例を一般化していいものでしょうか。

大関になった力士が「わたしは、親方から竹刀で殴られたからここまで伸びた」

と、語っていたのを聞いたことがあります。しかし、その力士は、竹刀で殴られたから伸びたわけではないはずです。彼と一緒に竹刀で殴られた多くの人は、早々に力士を引退しています。そのなかには、竹刀で殴られなければ、力士として大成したはずの人もいたでしょう。

パワハラをされたにもかかわらず、たまたま力があったので出世したからといって、パワハラを正当化して、同じことを若い人にするのは間違っています。

――例えば、両親から虐待を受け、苦労しながら育って社会で成功している人というのもいますよね。だからといって、子どもを虐待することが許されるわけではない。そんな構造と似ている気がします。

しかし、現実に体育会系的な「俺とおまえ」の関係性がはびこっている部署にいる場合、先生に教わったように「わたしと部下は対等だ」という姿勢でいると、それこそ「おまえのやり方は生ぬるい」などと怒られてしまいます。

そんなときにこそ、やはり部下のこと、組織のことを考えなくてはいけません。わたしが部下を守り、部下の可能性を引き出し、伸ばしていくのだという強い気持ち、気迫が問われるのでしょう。

同じ会社のなかで、ほかの上司の人たちがパワハラ的な言動をとるのは、その人たちの課題ですから、あなたにはどうすることもできないかもしれません。ほかの人たちの言動を変えるのは難しいでしょう。それでも、少なくとも自分はそういう対応をしないでおこうと決心するしかありません。

先ほどの塾の話に戻ると、わたしも竹刀を持って生徒を叩けといわれたのです。わたしは断固、拒否しました。すると塾の生徒たちが、「先生はどうして竹刀を持たないの？」と尋ねるのです。「わたしはあなたたちを、竹刀を持って指導する必要があるとはまったく思いません」と答えました。

――「わたしは竹刀を持たないリーダーでありたいのだ」と、意思表明したのですね。

ええ。あなたも、少なくとも自分のチームのメンバーには、自分の信条を宣言していいと思いますし、ほかの上司の人たちと違って、耳を傾けてくれる可能性は高い。その塾でも、わたしが「竹刀を持たない」と宣言したことで、子どもたちのわたしに対する信頼感は増したように感じました。

あなたには、「部下としての悩み」もありますね。自分のことを同僚と比べられて傷ついたという話もうかがいました。

——ええ、お恥ずかしいことに、自分で「自信がない」と繰り返しいっているように、わたし自身、傷つきやすい部下の一人です。

あなたの前に、これからもっとひどいパワハラ上司が現われる可能性もあります。

——怖くてあまり考えたくないですが、確かにありえることですね。そうなったときには、異動願いでも出して逃げ出すんですかね。

そうなったとき、逃げ出すのでなく、こういうふうに考えてほしいのです。

共同体には、いろいろな意味がありますが、**会社という共同体に今、自分が所属するとすれば、その共同体を変える力は必ず自分にあるはずだ**、と。

――ああ。

確かにあなたは、この会社が生まれたそのときから、ここに所属しているわけではないかもしれません。時間的には後から参加し、所属することになったのかもしれません。しかし、**自分がこの会社の一員になったその瞬間の前と後では、この会社は組織として何かが変わった。一人が新たに会社に加わるというのは、それくらいの重みを持っているのだ**というくらいの気持ちを持っていただきたい。

だから、あなたが「この会社」に入り、「このポジション」に就いたということは、それだけで、目の前にいる「この上司」を変える可能性がある。そういう思いを持って関わってほしい。あきらめないでほしい。

その上司との関係をあきらめないということは、自分のためだけのことではありません。ほかのチームのメンバーのための行為でもあります。だから、その上司の「いっていること」に――その上司の「人格」ではなく――問題があるとわかったら、同じチームの仲間のためにも、そのことを指摘する勇気を持ってほしい。そういう勇気を持っていくしかないのです。

それと同時に、あなた自身がモデルとならなければなりません。パワハラ上司のような旧弊なリーダーは、ただ無知であるだけなのだと思ってください。「こういうリーダーのあり方がある」「よりよいリーダーのあり方がある」ということを知らないのです。だから「こういうやり方もある」と、あなた自身の姿で示してほしいのです。完全である必要などありません。それでも、少しでも「より望ましい」と思えるリーダー像をあなたが示せるなら、「俺とおまえ」という関係性しか知らなかったパワハラ体質の上司も、変わるきっかけを得られるかもしれません。

――わたし自身に、この現状を変える力があると信じる。

一人の力は大きい。

そう思ってください。そこから始めるしかないのです。無理だと思ってあきらめてしまえば、そこですべてが終わります。

コロナ禍の不安についても、語り合いましたね。地球を一つの大きな家にたとえれば、今は、家が火事に見舞われているような惨状かもしれません。だからといって、全員が消火活動をあきらめてしまったら、いよいよ火の勢いは増していきます。

リーダーシップの変革も同じです。たった一人でも、現状を変えようという勇気を持つ人が誰か出てくれれば、世の中は必ず変わっていきます。その「誰か一人」とは「わたし」である。他人を待つのではない。あなたに世の中を変える勇気をもってほしい。

――ええ、わたし自身、その勇気を持ちたい、世の中を変える勇気を持てる自分でありたい。そうはいっても明日がきて、仕事が始まればさまざまなことが起きてまた「上司であるのがつらい」「リーダーなんてもうやめたい」と思うのかもしれません。けれど……いや先生、今日はここまでに、また話しにきていいですか。リーダーとしての悩みばかりでなく、これから先の人生においてもまた、ご相談にうかがうことがある予感もします。先生、お元気でいてくださいね。

ええ、また語り合いましょう。再会を楽しみにしています。

＊　＊　＊

この日の帰り道、「わたし」はいつになく晴ればれとした気持ちで、空を見上げた。ここしばらく、先生のところにたびたび押しかけては議論を吹きかけてきたが、今日を区切りに何か一つ、確かな軸が得られた気がする。現状を嘆くのではなく、現状を変える勇気を持ち、毅然としてリーダーの役割を引き受けるのだ。

先生にも打ち明けたように、明日がきて仕事が始まればきっとまた、うまくいかないことの連続で、生来、気の弱いわたしは弱音も吐くに違いない。それでも「不完全である勇気」という言葉に力を得て、よりよく生きることをあきらめず、幸せになることをあきらめず、今ここにあるリーダーとしての役割を懸命に果たすのだ。そのような日々のなかにきっと、先生のいう貢献感があり、深い幸福もあるのだろう。

「世界は螺旋《らせん》的に発展する」――そう語ったのは、ヘーゲルだったか。

一人の人間の人生においても、一直線に事態が好転するわけもなく、成長とは螺旋的なものであろう。とすれば、よりよく生きようとする「今、ここにある自分」のなかにこそ幸福を見出せばいい。

第2部

社会を変えたい「起業家」とのリーダーシップをめぐる対話

本書冒頭で「先生」の主張するリーダー論は、突拍子もないように思えて、実はさほどの驚きはないかもしれない、といったことを書きました。

そこで第二部は、すでに「先生」が説くリーダーシップを実践している、三人の起業家との対話です。「リーダーと部下は対等である」という前提に立ち、「叱らない、ほめない、命令しない」という原則を貫くのが、本書が説くリーダー論です。この考え方に、上場企業のトップでもある三人の起業家が共鳴し、実践に移していることは、これが理想論ではないことを力強く示しています。

第一章は、多様な働き方を推進する企業として注目される、サイボウズ社長の青野慶久さん。第二章は、ユーグレナ（和名・ミドリムシ）の研究開発を通じて、食糧問題や環境問題など地球規模の課題解決に挑戦する、ユーグレナ社長の出雲充さん。第三章は、「面白法人」を自称し、ユニークな組織運営でも注目を集めるカヤックCEOの柳澤大輔さん。

いずれも、二〇二〇年七月になされた対話です。折しもコロナ禍で、先行きの不透明ななかでリモートワークへの転換が急速に進んでいたという社会情勢が、議論の背景にあります。

三人の起業家と先生との対話からは、現場のリーダーと共通するような悩みも浮かび上がります。自分が不完全であることを認めながら、チームメンバーと向き合い、よりよいリーダーであろうとするその姿は、新しいリーダーのロールモデルです。

そこから発展して、「先生」の理論に対して問題提起し、さらなる理論の発展を促すのが、起業家との対話と、第一部の「わたし」との対話との違いです。

第1章

サイボウズ社長・青野慶久さんとの対話

――2020年7月3日の対話

本気で死にたかった社長就任1年目に学びを得た。

青野慶久　あおの・よしひさ

サイボウズ社長

1971年生まれ。愛媛県出身。大阪大学工学部卒業後、松下電工（現パナソニック）をへて、97年、愛媛県松山市で、グループウエアの開発、販売を手掛けるサイボウズを設立。2005年、社長就任。社内のワークスタイル変革を推進するとともに3度の育児休暇を取得。クラウド化の推進で事業を成長させ、20年12月期の売上高は前期比16.8％増の156億7400万円。多様性と柔軟性のある人事制度で知られ、Great Place to Work® Institute Japanが日本で実施した『2021年版 日本における「働きがいのある会社」ランキング 中規模部門（従業員100－999人）』において2位。8年連続でランクインしている。著書に『ちょいデキ！』（文春新書）、『チームのことだけ、考えた。』（ダイヤモンド社）、『会社というモンスターが、僕たちを不幸にしているのかもしれない。』（PHP研究所）、『「わがまま」がチームを強くする。』（監修、朝日新聞出版）など。

イラスト：山本重也

青野　岸見先生、ご無沙汰しています。

岸見　今日はオンラインですが、お目にかかるのは三年ぶりですね。

青野　あのときは、京都から東京オフィスまで来ていただきました。社員の一人から、先生が著された『嫌われる勇気』（共著／ダイヤモンド社）に書かれている内容は、サイボウズのこれまでの取り組みと似ているのではないか」という声が上がったのをきっかけに。社員たちと一緒に、いろいろなご相談もしましたね。わたしも経営者として、一人の人間として、悩みを抱えながら生きていますから。

岸見　あのとき会社を訪問して、驚きました。自分が理想と考える「民主的な組織」が、青野さんの会社ですでに実現されていることを心強く感じましたし、社員のみなさんが、地に足の着いた考え方——理論的というより、具体的なものの考え方——をされていることに、感銘を受けました。

青野　岸見先生の主張する「民主的なリーダーシップ」のなかでも、「ほめるのをやめよう」というのは、とりわけ挑戦的な主張ですよね。

「叱る／ほめる」というのは、昭和型のリーダーシップの象徴で、わたしたちはそこから新しいマネジメントスタイルに移行しなければならないと考えています。けれど、じゃあ、「叱る／ほめる」に変わる、新しいマネジメントスタイルとは一体、何なのか、というと、明確な答えを提示できる人はほとんどいません。

そこにはっきりと言語化された答えを示しているという点で、「民主的なリーダーシップ」という岸見先生の主張は、時代が求めるものだと感じます。

社員をほめていることを反省します

――そういう青野社長は、社員のみなさんを、ほめていないのでしょうか。

青野　いや、そこを突かれると。ほめちゃっているところがありますね。岸見先生のリーダーシップの本（『ほめるのをやめよう』／日経BP）を読んで、反省しました。

――そもそも「社員をほめるのは悪いことだ」という意識が、青野社長にあったのでしょうか。

青野　それはありました。自分自身を振り返って、「ほめる」というのは、やはり、どこか相手を「操作しよう」という気持ちがあって、そのなかから出てくる行為なのです。単純に、自分の感想を伝えるのではなく、相手を「自分の枠に入れよう」という下心が働いている。そういう意味での「ほめ言葉」はいけないと感じながら、いまだに使ってしまっているときがある。

このようなほめ言葉を手放さなくては、自分は次のステージに進めない。そう、あらためて思いました。

岸見　わたしが提唱する「民主的なリーダーシップ」を簡潔に表現するならば、リーダーと部下は「対等」であり、リーダーは「力」で部下を率いるのでなく、「言葉」によって協力関係を築くことを目指す、というものです。

そのようなリーダーにとって、叱ることも、ほめることもまったく必要ありませんし、むしろ有害です。

このようなわたしの主張のうち、「叱るのをやめる」ことについては、社会が受け入れるかどうかという意味で、機が熟してきているように感じます。

「叱る」のと「怒る」のは違うという考え方を、わたしは否定しますが（第1部・第1章参照）、パワハラが問題とされる今、昔のように「部下は叱りつけて指導すればいい」などと無邪気に主張する人は、さすがに少なくなりました。

一方で、若い社員を育てるにあたって、「やっぱり、ほめて伸ばさなくてはいけないだろう」と考える人は、多いと思います。

けれど、果たしてリーダーがほめたら、ほめられた相手は喜ぶのか。あるいは、もっと仕事をしようという気持ちになるのか、ということについて、リーダーは一度、立ち止まって考えないといけないと思います。そういうプロセスを飛ばしてしまって、「ほめておけばいいだろう」と独善的にやってしまうと、そのようなやり方を変えるのも難しくなってしまいます。

「ほめる＝ばかにする」？

――それで、思い出す場面があります。わたしが聴講した岸見先生の講演会で、やはり「ほめるのをやめる」ことについてのお話があり、質問も多く出ました。その講演会の参加者には年配の経営者が多かったのですが、若い大学生も一人いて、その人に岸見先生が、こう問いかけたのです。

「自分でもたいしたことをしていないと思っている仕事について、ほめられた経験がありませんか」と。それに対して、大学生は「ある」と答えました。アルバイトの話だったと思います。

そこで、岸見先生が「そのとき、どう感じましたか」と尋ねると、「ばかにされたと思いました」と、あっけないほど迷いなく即答されたのです。

そんな若者の答えに、周囲にいた年配の方々は驚き、どよめいていました。

岸見　賢明な若者たちは、見抜いているのです。

ただ、同じ言葉でも、発した側がどういう意味で使っているのかによって、ほめ言葉になることもあれば、ならないこともあります。

わたしの娘は、子育てを始めてから、わたしが書いた本を読み、子どもをほめないように心掛けているようです。ところが、一歳の子どもが初めて立ち上がったとき、思わず「すごいね」といってしまった。それで「これは、ほめ言葉ではないのか」と、娘から質問を受けました。

それに対しては、「下心があれば、ほめ言葉かもしれないけれど、『初めて立ち上がった』という喜びを子どもと共有する言葉であれば、それは、ほめ言葉にはならない」と答えました。

また、同じ言葉でも、相手がどう受け止めるかにもよります。だから、本当のところは、自分が発した言葉を相手がどう感じたかを尋ね、フィードバックを受けなければわかりません。

初めて立ち上がった一歳の子どもから、フィードバックを受けるのは現実には難しいですが、言葉がわかるようになれば、「今、わたしはあなたに『すごいね』といったけれど、その言葉をどう受け止めましたか?」と尋ねたい。あるいは、「どういう言葉をかけるのがいいと思いますか?」と尋ねたい。そういうことを尋ねていけば、両者の関係はおのずと変わっていきます。もちろん部下には、そのように尋ねてください。

「『すごいね』は、ほめ言葉だから使ってはいけない」というふうに、しゃくし定規に覚えないことが大事です。

一人ひとり、受け止め方が違うので、全員に尋ねなければなりません。「今のわたしの言葉を、あなたはどう受け止めましたか?」と。経営者であれば、社員全員に問いかけ、確認していかなければなりません。こんなことをいうと、「家族だったらできるかもしれないけれど、会社のような組織ではとても無理だ」と反論されますが、原理原則は、どんな対人関係でも同じなのです。

「尋ねる」という、リーダーシップの基本動作

青野　いや、わたしの個人的な体験からいうと、「一人ひとりに尋ねる」というのは、極めて実践的な手法です。リーダーシップの「基本動作」として、とても重要だと思います。

わたしは二〇〇六年まで、今とは全然違うリーダーシップを志向していました。わたしから指示を出し、社員のみんなをぐいぐい引っ張っていこうとしていました。けれど、残念ながら、それがうまくいかず、業績は悪化し、株価は大きく下がり、何より社員の心がどんどん離れて離職率がなんと28%という、どん底

を経験しました。信号待ちの車をぼんやり見ながら、「一台、こっちに走ってきて、自分のことをはねてくれないかな」と、思ったこともあったくらい、追い詰められました。

　そこを脱する過程で、リーダーシップのスタイルをがらりと変えて、今に至ります。会社は成長を始め、多様で柔軟な働き方ができる会社として評価されることも増えました。その間のことを振り返ると、わたしには「社員に助けてもらった」という感覚が非常に強いのですが、自分自身がリーダーとして何より心掛けてきたのは、「尋ねる」ということです。

　サイボウズには今、多様な働き方を可能にする人事制度が多くあります（次ページの図表参照）。しかし、このなかに、わたしが発案したものは一つもありません。リーダーシップのあり方を変えてから、社員のみんなに「働きたい働き方ができなかったら、教えてください」「教えてくれたら、それが実現する仕組みを一緒につくっていきます」とお願いして、これらの制度をつくってきたのです。

　つまり「尋ねる」という姿勢に変えた。そこは大きな違いで、尋ねてつくるのでなければ、どんな制度をつくったところで、「青野さんったら、また思いつき

「多様な働き方」を可能にするためのサイボウズの人事制度

制度	導入時期	概要
育児・介護休暇制度	2006年	最長6年間の育児・介護休暇制度。妊娠判明時から取得可能な「産前休暇」「育児・介護短時間勤務制度」とともに導入。
選択型人事制度	2007年	ライフステージの変化に合わせて働き方を選択できる人事制度。育児、介護に限らず、通学や副(複)業など個人の事情に応じて、勤務時間や場所で区切られた9分類から働き方を選択する。 ※2018年から「働き方宣言制度」に移行し、発展的に廃止。
ウルトラワーク(在宅勤務制度)	2012年	2010年よりスタートした在宅勤務制度を進化させた制度。「選択的人事制度」や「働き方宣言制度」で選択し、宣言した「基本となる働き方」と異なる働き方を「単発」ですることを「ウルトラワーク」と定義。従来からあった「在宅勤務」「時差出勤」も「ウルトラワーク」に含める。チームと個人の「生産性向上」を目的に実施。 ※「単発」の定義は、総労働時間のうち10%程度とする。おおむね1ヶ月を超えて、ウルトラワークが頻発する場合は「基本となる働き方」を変更する。
育自分休暇制度	2012年	サイボウズを退職後、最長6年間はサイボウズへの復帰を可能とする制度。退職する人に「またチームに戻れる」という安心感をもってチャレンジしてもらうことを目的とする。
副(複)業許可	2012年	社員が自分らしく働き、経済的にも精神的にも自立できるようにという観点から、副(複)業を可能とする。会社資産と関係ないものは、上司の承認の必要も報告する義務もなく、自由に行うことができる。
子連れ出勤制度	2014年	「子どもが学童保育に行きたがらない」「預け先がない」といった問題解決のために開始した制度。チームの生産性を下げないなどのルールのもと運用。緊急時の受け皿として機能している。
大人の体験入部	2016年	本人のキャリア検討や現在の業務へ生かすことを目的に、他部署に「体験入部」することができる。すべての部署へ希望を出すことができ、海外を含む他拠点への体験入部も可能。
働き方宣言制度	2018年	2007年から実施していた「選択型人事制度」を廃止して、運用を開始。従来は勤務時間と場所で区切った9分類から働き方を選択していたが、新しい制度のもとでは、一人ひとりが「自身の働き方」を自由に記述するスタイルで宣言し、実行。

で役に立たない人事制度をつくっちゃって」という話になる。だからやっぱり、リーダーの基本動作として「尋ねる」というのは、重要です。

「操作したい気持ち」があると、ろくなことはない

――そういうリーダーシップの変化のなかで、青野社長のなかにいつしか、「社員をほめるのはよくない」という意識が芽生えた、ということでしょうか。

青野　そうですね。ほめるのはよくない……。わたしがマネジメントのスタイルを変えたときの大きな学びは、「自分の考え方を押しつけると、ろくなことがない」でした。自分が大失敗して、自分の不完全さを思い知ったので、そんな自分が誰かを「操作しよう」という気持ちからやることに、ろくなことはないぞ、と。

だから、何か「操作しよう」という気持ちが働いている言葉であれば、それはよくない。そんな気持ちが働く言葉として、ほめ言葉はよろしくない。そのように理性が働くようになったのだと思います。

だからといって、そのような習性が抜け切ったかというと、はなはだ怪しいのですが。

さらに、今回、岸見先生に教えていただいた「相手がどう受け止めているか」というところには、多分まだ意識がいっていないので、次の課題になるでしょう。

岸見　今のお話をうかがって申し上げたいのは、「対等の関係を築けていなければ、あらゆる対人関係の技法は無効である」ということです。

わたしの主張するような「ほめない」「叱らない」、さらには「部下を勇気づける」といったリーダーシップの手法について、「その通りだ」と納得し、実践いただいたとしても、相手との関係が対等でなければ、すべて操作であり、支配なのです。逆にいうと、相手との間に対等の関係を築けていれば、何をいっても大丈夫なのです。

青野　なるほど。

岸見　ただ、そこに到達するには、やはり時間がかかります。最初は、気をつけたほうがいいです。「こういう言葉を使うと、相手を傷つけるのではないか」ということを、過剰に気をつけるくらいでちょうどいいと思います。

それがやがて、相手との関係が本当に対等になって、信頼関係ができたなら、周囲で聞いている人が「あんないい方はないよな」と思うようないい方をしたとしても、部下の勇気を挫くことにはなりません。

親子も「この子には、何をいっても大丈夫だ」と思えるような関係になれば素敵です。でも、最初は「親しき仲にも礼儀あり」。丁寧な言葉遣いを心掛けたほうがいいでしょう。

ここは、難しいところです。

アドラー心理学を誤用される人は多く、ここのところをよくわかっていないままに「あ、アドラー。これは使える」という発想をする。

青野　悪用しちゃう感じでしょうか。

岸見　そうです。けれど、やはり、賢明な若者は見抜いています。

リーダーに必要な「嫌われないようにする勇気」

青野　実は、岸見先生のリーダーシップ論を学んで、個人的にとても面白かったのが、「嫌われる勇気」に対する誤解についてです。これも、悪用といっていいかもしれない。

――リーダーは「嫌われる勇気」を持ってはいけないという話ですね（第1部・第2章参照）。

青野　確かに、上司のなかには「嫌われてでも、俺はガツンといってやるのだっ！」といった文脈で、「嫌われる勇気」を使う人がいて、先生の本を愛読する者としては残念に感じます。

岸見先生のリーダーシップ論を学んで、わたしが感じとるのは、むしろ「嫌われないようにする勇気」です。

――「嫌われないようにする勇気」とは、不思議な響きです。そもそも「嫌われないようにする」ことに、勇気が必要なのでしょうか。

岸見　青野さん、どうですか。

青野　「嫌う」というのは相手が持つ感情ですから、「嫌われないようにする」となれば、相手の感情に思いをはせなければなりません。

そして、こちらが伝えた言葉を相手がどのように受けとったかは、自分が想定したものとは違う可能性がある。岸見先生が先ほどおっしゃっていた通りです。こちらがばかにしたつもりがなくても、相手は「ばかにされた」と受け止めていたり、こちらが傷つけるつもりがなかったのに、相手は傷ついているといったりしたことは実際、よくあるものです。

しかし、リーダーが「嫌われないようにする」と決めたからには、相手がどう受け止めたかを確認していかなくてはなりません。

ただ、こういうことをやっていたリーダーというのは、今まで、あまりいなかったと思うのです。上司というのは往々にして、部下を叱りつけては、「あいつは俺の愛情を受け止めてくれているに違いない」なんていうことを、一方的に思っているわけです。

けれど、「嫌われないようにする」と決めた以上は、部下が本当に愛情と思ってくれているのかどうか、確認しなければならないし、確認してみて、自分の認識と現実の間にズレがあったら、軌道修正しなければなりません。

それはやっぱり、リーダーにとって勇気が要ることなのです。

自ら間違いを探しに出向いていって、間違っていたら過ちを認めて修正する。これはなかなか勇気の要ることだ、と、わたしは思いました。

岸見　「嫌われる勇気」の真意は、すでに述べた通りです（第1部・第2章）。強い立場にある上司が「嫌われる勇気を持とう」などと意気ごんでも、あまりいいことはありません。

「嫌われてもいい」と思う上司は、勇気の問題以前に、必要な手続きを省いてしまっているのではないかと、わたしは思うのです。

青野　手続きの問題、ですか。対話に時間をかけよう、ということですね。

岸見　その通りです。

上司にとっての「嫌われる勇気」とは？

青野　しかし、リーダーにしてみると、対話が大事と思ってはいても、どうしても時間がない。あれもやりたい、これもやりたいと、やりたいことが膨らむうちに、時間が押す。そうなると、部下とちょっと意見が合わなかったときに、「面倒くさい！」「さっさと片づけたい！」という感情が出てきてしまいます。

岸見　そうですね。そこで大きな声を出して怒鳴らなくても、「相手を自分の思うようにさせたい」と思ったとき、もうすでにリーダーと部下の間には権力争いが起きているのです。

権力争いとは、平たくいえば「喧嘩」ですから、上司が強引にことを進めれば、部下はいうことを聞くかもしれませんが、少なくとも快く受け入れることはできません。ですから、いずれどこかで部下が爆発するというようなことも起きるでしょう。

難しいですね。このあたりのことは。

このようなとき、上司はやはり、部下に嫌われたくないものです。親子関係でも同じような場面はあって、親も子どもに嫌われたくない。

上司として部下に意見したい、親として子どもに意見したいと思うことは当然あります。そんなときに「こんなことをいったら嫌われるだろうな」と思って、いうべきことをいわないのは、自分のことにしか関心がない上司であり、親です。「自分がどう思われるか」ばかりを考えているという意味で、自分のことにしか関心がない。

そういうリーダーが、自分のことではなく、組織のこと、さらに広く社会のことや、世界に対して関心を持つリーダーになると、いろいろなことがおのずと変わっていくと思います。

部下の意見には、耳を傾けなければならない。けれど、一方で、パワハラ的な意味でなく、部下にいうべきことをいわなくてはならない場面がある。部下にその指摘を受け入れる用意がまだできていなくても、あるいは、その指摘で部下が感情的になる可能性があっても、上司は伝えるべきことを伝えなければならない。そこで、上司が極度に部下の顔色をうかがい、恐れてしまうようでは、やはりいけない。

そういう意味で、上司の側が「嫌われる勇気」を持つべき場面も、確かにあると思います。

しかし、だからといって、部下をぐいぐい引っ張っていけばいいというものではない。

部下に敬語を使ってもいいのではないか

青野 そこで対話が必要になるのですね。理屈ではわかっても、実践が難しいところです。しかし、岸見先生は本でも講演でも、そのような場面でどんな言葉を発したらいいかを具体的に示されていて、実践的です。

例えば、学校に行きたがらない子どもに対して、「学校に行きなさい」と命令するのでなく、「学校に行ってはいかがでしょうか」と提案してはどうか、という助言がある。これを会社に置き換えたら、「来週のプレゼンの準備を始めてくれませんか」といった具合でしょうか。

岸見　命令するのでなく、疑問文。あるいは、「こうしてくれると、うれしい（助かる）」といった仮定文を使って、相手に断る余地を残す。上司がいうことを断るのは難しいでしょうが、部下の受ける印象は変わります。断る余地がないと、感情的に反発されます。ただし、受けとり方はやはり一人ひとり異なるので、確認は必要です。

現実には、なかなか成績が上がらず、失敗が目立つ部下に対して「今のままだったら、どうなると思うかね」などと、相手に耳障りなことをいわなくてはならない場面はあるはずです。

こういうとき、上司は部下に敬語を使うべきだと、わたしは思います。立場が違うだけで、人間としては対等なのですから。

それでも、「今のままだったら、どうなると思うかね」といったことを上司がいえば、部下がその言葉を、自分に対する皮肉や威嚇、挑戦だと受け止めるかもしれません。そう受け止められないような関係を、上司は普段から部下との間に築いていかないといけない。手間暇がかかりますが、対話を重ねなくてはなりません。
これは、アドラー心理学の特徴ですね。時間がかかる、手間暇がかかる。効率だけを求めて学ぶ人は、いいとこどりのように「ここは使える」といった発想をしますが、それでは部下といい関係を築くことはできません。技法だけを学ぶのでは十分ではないということに気づくのにも随分、時間がかかります。青野さんには、かなり長い時間をかけて勉強していただいていますが。

上司に本音を明かす部下などいるか？

――青野社長は、社員に「尋ねる」ことを、リーダーの基本動作として大事にしていると、先ほどうかがいました。社員に「どんな人事制度があったらいいと思うか」と尋ねて、ユニークな人事制度をつくり上げてきた、と。

そこで疑問に思ったのですが、社長から「意見をいってほしい」と頼まれて、社員がそう簡単に本音を打ち明けるものでしょうか。

青野　いいえ、最初は全然。疑われっぱなしでした。
先ほど申し上げた通り、わたしは二〇〇六年にリーダーシップのスタイルを大転換しました。みんなをぐいぐい引っ張るようなリーダーシップを志向した結果、業績が悪化し、社員の心が離れ、離職率が28%に達するという状況のなかで試行錯誤した末に、です。
最初に、全社員と一人三十分ずつ雑談して、「どんな働き方をしたいですか」と尋ねたのですが、誰も心を割って話してはくれませんでした。

岸見　「この社長にうかつなことをいってはダメだ」と、社員が思うような対人関係が、すでにできてしまっていたのですね。

青野　はい、それまでは自分の意見を押し通して、社員をぐいぐい引っ張ろうとしていたのですから、それは疑われますよね。
でも、そのなかでも、心を割って話してくれるメンバーが一人、二人は出てきました。ファースト・ペンギンみたいなものですね。その人たちを大事にする。その人たちの意見に耳を傾け、その声を制度に反映させて、改善する。それを見ていただくと、社員のみなさんからの信頼度がちょっと上がる。すると、三人目、四人目が出てくる。

岸見　なるほど。

入社三年目の社員の意見で、制度改定

青野　印象的なエピソードを共有したいと思います。当時、入社三年目の若い営業メンバーが、全社員に適用されるボーナスの仕組みに異義を唱えたのです。「わたしは、こう変えたほうが、みんなが喜んで活動できると思います」と。それで話を聞いてみると、これが結構、面白くて、みんなでオープンに議論することにしました。

――どんな提案だったのですか。

青野　当時、ボーナスの支給額は、全社の売上高と連動していたのですが、ちょうどそのころ、サイボウズでは主力商品であるグループウエアのクラウド化を推進していました。従来は顧客が自社でシステムを保有する、いわゆる「オンプレミス版」の販売が中心でしたが、これからはクラウド版を主力とし、販売を強化していこう、と。

そんな折、入社三年目のその若い営業メンバーが、「それならば、クラウドの売上高をボーナスの支給額に連動させたほうがいいのではないか」と、声を上げたのです。

このアイデアを役員や人事のメンバーなどと議論した結果、採用が決まりました。これには結構、インパクトがありました。入社三年目の一社員の提案で、全社のボーナス制度が変わってしまうのかと。「なんだ、この会社は」「いった者勝ちなのか」と。そういうムードのなかで、組織への信頼感が高まるのを感じました。

岸見　しかし、「いった者勝ち」では、ダメですよね。どんな意見でも「いえば通る」ということではいけないのであって、組織の目的に照らして「それは通用しない」ということを、毅然といわないといけない場面が、リーダーにはあるはずですし、特にリーダーが提案するときは、言葉を尽くして説明しなければなりません。

青野　確かにそうです。

部下にダメ出しするときのコツ

――「部下の提案を却下するとき、リーダーはいかにあるべきか」ということですね。興味深いテーマです。青野社長にももちろん、社員に「それは通用しない」と、提案を却下するときがあると思います。そんなとき、どんなコミュニケーションをとっているのかを、ぜひ知りたいです。

青野　わたしのなかで答えを持ちすぎない、ということが、とても大事だと思っています。例えば、部下が何か提案を持ってきました。それを見て、「えっ！　そんなのアリなの？」と、驚いたとします。自分としては、これはない気がする、と。けれど、もしかしたら、この人の意見が正しいのかもしれない。もしかしたら、このなかに次の革新的なアイデアが潜んでいるのかもしれない。

そう思えると、伝え方が変わります。

岸見　なるほど。

青野　そう思うとやっぱり、「きみは間違っているよ」というい方はしないわけです。「それは、面白いかもしれないけれど、僕の目から見ると、こう見えるよ」となる。

それを、オープンな場で議論するようにしています。

わたしと相手、彼ならば彼の「一対一」の関係ではなく、ほかの多くの社員との関係のなかに位置づける。ほかの社員には、さまざまな視点がありますから、わたしの意見は、あくまでわたしの意見、彼の意見は彼の意見。そこにほかの人たちの意見を集めていったとき、答えが最後、どこに行き着くのかは、誰にもわかりません。

もしかしたら、わたしのように「それは、ちょっとやりすぎなんじゃないの？」と思う人が多いかもしれないし、ボーナス制度のときのように、若い社員の意見に対し、「これは面白いんじゃない」「いいんじゃない」と思う人が、増えていくかもしれない。だから、わたしのなかであらかじめ答えを持ちすぎない。

リーダーって、どうしても、自分は「答えを知っている」と思いがちですよね。

岸見　よくわかります。

青野　「答えを知っている」ことこそが、自分の威厳である、と。そこを、手放す。手放す勇気。威厳を手放す。

岸見　自分が知らないことがあると認める勇気は要りますね。

今、青野さんがおっしゃったことは、わたしが「対話」という言葉で強調していることと同じだと思います。一方的に伝えるのでなく、「対話」をしていかないと、結果として間違ってしまうことが多い。

だから、社長といえども、リーダーといえども、今述べているのは「自分の考え」であることを、絶えず意識しなくてはいけない。

社長が、これは「わたしの意見」「わたしの考え」なのだということを、前面に押し出して話し、社員のほうも、これは社長の意見、社長の考えだと思えたなら、反論しやすい。社長の「考え」に反論するのであって、社長を批判するわけではないと思える。

社員が「お言葉ですが」などという必要を感じることなく、「わたしの意見をいわせてください」と社長にいえるような雰囲気をつくっていければ、きっと活発な議論ができるでしょう。

今日は、青野さんの著書を数冊、再読してきました。おそらく、そこで青野さんが繰り返し強調されていた、「この提案は何を目的にしているかを常に見失わない」ということが、大事なのですね。そこを見失わないのであれば、「どんな提案でもいい」ということにはなりません。この提案をする、もともとの目標に照らして適当でない、ということを、きちんといわないといけないですね。

この点は、リーダーのほうがしっかりと押さえておかないといけないですね。

部下のほうは自由闊達に議論できる。そして、リーダーが「それはダメだ」というときには、個人を攻撃するのではなく、個別の意見に個別に反論するというのでもなく、「大きな目標に照らしたときに、あなたの考えは採用できない」と、いえないといけない。それはリーダーの才覚です。

青野　その通りだと思います。

コーヒー代を請求する社員に対して

――青野社長はそのような感覚を持って、社員と議論されているわけですか。

青野　部下が出してきたアイデアは、山登りにたとえると、登り方の一つだと思うのです。言葉を換えれば、「わたしたちが目指しているこの山頂に向かって、わたしは、こっちから登るのがいいと思います」という意見表明、ということです。それがもし、山頂と全然、関係ない方向に向かって進んでしまうようなアイデアであれば、却下しなくてはいけない。

「それは『この組織』において、やるべきことではない」と。「この組織」においては、「この山」の山頂を目指してください。この山の登り方にはいろんな手段があって、「正しい登り方」は、わたしも知らないし、あなたも知らない。だから、互いにいろいろな意見を出していこう。その意見が、この山の山頂に向かわないものであれば、忌憚《きたん》なく指摘し合おう——こういう感覚なんじゃないかと思います。

岸見　青野社長が監修された本（『「わがまま」がチームを強くする。』／朝日新聞出版）に、営業の社員が外回りで立ち寄った喫茶店で払ったコーヒー代を、会社が支給することにしたときのエピソードがありましたね。あれは、すごく面白いと思いました。

青野　若手の営業社員からの提案で、経費として認めるようになった話ですね。彼のいいぶんは、こうでした。

「コーヒーを飲みたくてカフェに寄るのではなく、仕事をする机と充電する電源が欲しくて寄っている。だから、業務の一環であり、コーヒー代を経費として認めてほしい」

それまでは営業社員の個人負担だったので、先輩の社員たちからすれば「わがままをいうな」というような話かもしれません。しかし、そこで「わがままをいうな」というのも、わがままな話で、サイボウズの企業理念は「チームワークあふれる社会を創る」です。この理念に基づいて考えたとき、空き時間を使ってまで、チームワークあふれる社会を創るために頑張っている社員が、コーヒー一杯で、より気持ちよく頑張れるのであれば安い投資だ、というのが、わたしたちの結論でした。

岸見　本当に仕事に有用であれば、請求してもいいと思うということですね。

それが面白いと思ったのですが、肝心の目標を見ないで、ただコーヒー代を請求されたのならば、「それはダメだ」ということを、リーダーとしてはいわないといけない。コーヒー代だったらかわいいものですけれど、経費で、例えば、目に余るほどの飲食代を使って、「自分の仕事には必要なのだ」と社員がいいだしたときには、毅然とした態度で「それは認められない」といえないと、リーダーとしては失格でしょう。

ちょっと、お高い店を使いすぎではありませんか？

青野　そうですね。そういうことを、ある意味、互いにチェックし合えるといいと思っています。サイボウズはもう、わたし一人だけで見る規模ではありませんし、そこはやはりオープンにすることで解決していきたい。経費にしても、「わたしはコレにいくら使いました」「あなたは、コレにいくら使ったのですね」ということが互いに見えていれば、「その使い方は、ちょっと派手すぎない？」と、突っこみが入ります。

岸見　現実にそうなっているのですね。

青野　サイボウズでは、例えば、交際費などもグループウエアを通じて、全社員が見られるようになっていて、実際、「この懇親会は、ちょっとお高い店を使いすぎではありませんか？」といった突っこみが入ったりします。その突っこみもグループウエア上で、チャットみたいな感覚で。

岸見　面白いですね。社長も含めて、みなさんが目標をしっかりわかっておられるので、そういうことをいいあっても非難にならないし、よくSNSなどで見られるように炎上したりしないですよね、きっと。

青野　そうですね。

――なるほど、備忘録として、今、青野さんのお話から出てきた、「部下の提案にダメ出しするとき」のポイントを箇条書きにしますね。

その1．自分のなかに答えを持ちすぎない
その2．オープンに議論する
その3．威厳を手放す勇気を持つ
その4．「自分の考え」だと意識する
その5．「組織の目的」に照らして判断する

新型コロナはリーダーのせいではない

青野　それにしても、新型コロナウイルス感染症の拡大から、わたしたちは怒濤の時代を過ごしてきました。コロナ禍が始まってから今に至るまでのこの何カ月かを振り返ると、昭和型のマネジメントの限界がいよいよ明らかになってきたような気がするのです。

昭和型のマネジメントとは、おそらく「叱る／ほめる」で人を動かすことであり、その前提として、リーダーの「威厳」というものを大事にしていたのかもしれない。リーダーは偉くて、威厳があって、だから間違わないし、間違ってはいけない。たとえ間違っても、間違いを認めてはいけない。

岸見　そうですね。だから、間違いを認めることなどしないで、我が道を行く。けれど、そのようなことをしていると、これからの時代、リーダーは信頼を失うと思います。

どんなリーダーでも、結果が出ないということはあります。新型コロナウイルスの感染拡大は、リーダーの責任ではありません。

——新型コロナがはやるのは、社長のせいではない、と。

岸見　人の力ではどうにもならないことであっても、それに対して、あらゆる手立てを講じて対応しなければなりません。それでも結果が出ないことは当然あります。

しかし、そのような今回の状況下で、いよいよ信頼を失ったリーダーもいれば、業績が瞬く間に悪化して回復せず、結果が出ていなくとも、これまで以上に信頼を高めたリーダーもいます。

その違いが何かといえば、間違いを間違いと認められるかどうか。失敗を受け入れられるかどうか。いつでも失敗を受け入れ、進路変更する準備ができているかです。「この人は、自分が不完全であっていいのだということをわかっているリーダーである」と思えば、今の若い部下たちはついてくると思います。逆に、威厳を保とうとして、失敗を隠す、情報を隠蔽するようなリーダーは、たちまち信頼を失います。そのような事例を、現にわたしたちは、たくさん見ているのではないでしょうか。

社長が社員に「ごめんなさい」

――自分の過ちを認めて撤退した、ということが、青野社長にはありますか。そういうとき、どんなことに気をつけていますか。

青野　そうですね。社員に対し、「ごめんなさい」という言葉を多用します。

岸見　なるほど。

青野　ほぼ毎日、使っているかもしれませんね。「ごめんなさい」を。これは経験的に学んだことで、わたしが「ごめんなさい」というだけで、部下の人たちが、社長のわたしの失敗をどれほど快く受け入れてくれるかが、大きく変わる。

今では、わたしが何か、部下の人たちの目から見てマズイことをしたとしても、社員たちは「青野さん、いいチャレンジでしたよ！」と、いってくれます。「青野さんのアレは失敗でしたが、いいチャレンジでしたね！」と。

それはやっぱり、わたしが「ごめんなさい」という言葉を口にしたからです。わたしがもしも、「これはわたしの失敗ではない」なんていいだしていたら、「いいチャレンジだった」なんて、いってくれませんよね。

――それは例えば、どういうチャレンジなのですか。

青野　例えば、社員によく突っこまれるのは、ツイッターでの発言です。わたしは普段からよく、ツイッターで発信するのですが、その内容だったり、言葉遣いだったりを社員の人たちがチェックしていて、「このいい方は違うと思います」「この内容では誤解を生むと思います」と。そういうときは、まず「ごめんなさい」。その後、「これからはこうします」と、改善提案をします。これが、すごく健全なコミュニケーションである気がしているのです。

岸見　そうですね。

青野　そうやって社員に向けて反省の言葉を口にすることで、またチャレンジができます。これが例えば、「こんなことになるなら、ツイッターはもうやめてくださ い」といわれてしまったら、進歩がなくなってしまいます。けれど、わたしはチャレンジして、失敗して、反省して学び、次に改善が生まれているわけですから、ツイッターでの発信は以前より上手になっているはずです。

謝られても困る

岸見　そこで申し上げたいのは、「ごめんなさい」もいいですが、それに付け加えるとしたら、「失敗を指摘してくれてありがとう」という言葉です。そういう言葉を社長がかければ、社員に「貢献感」を持つことができます。

青野　なるほど。

岸見　例えば、デートの約束をしていたのに電車が遅れ、相手との約束の時間に間に合わないということがあった。相手が幸い、自分が遅れたにもかかわらず、待ち合わせ場所で長い時間、待ってくれていたなら、開口一番の言葉は「ごめんなさい」でもいいのですが、「ありがとう」ではないでしょうか。

「待っていてくれて、ありがとう」

そう言葉に出すことで、待っていた恋人は、自分の行為で相手に貢献できたというふうに思えるでしょう。それに電車が遅れたのであって、特に悪いことをしたわけでもないのに謝られても、相手にしてみれば困る、という思いも、もしかしたらあるかもしれません。

社長と社員の関係に置き換えれば、社長の言動に社員がコメントしたとはいえ、社長が特段、悪いことをしたわけではありません。ただ、社員のコメントによって、社長が言動を改善するきっかけになればいいことですし、ひいては会社に貢献することにもなります。それがコメントした社員にもわかるように一言、「ありがとう」と、付け加えられたらいいのではないかと思います。

青野　そうですね。まさに貢献感。そこが大事なのですね。

岸見　貢献については、これまでのリーダーシップ論では、あまり注目されていなかったように思います。

前に申し上げた通り、「叱る／ほめる」をやめようという、わたしの主張のうち、「叱るのをやめる」については、今の社会は、以前より受け入れる土壌ができてきました。「ほめるのをやめる」は、まだ浸透していませんが、青野社長のように「叱る／ほめる」に限界を感じられるリーダーが出てきているのかもしれません。

それでは、「叱る／ほめる」のをやめて、代わりにどうすればいいのか。必ず問われます。

その答えははっきりしていて、貢献に注目することです。リーダーが部下の貢献に注目していれば、部下は、ほめられるようなことをしようとは思いませんし、わざと叱られるようなこともしません。

「叱られたくない」と思う人、あるいは、「注目されたい」と思うがために、ほめられるようなことをしたり、わざと叱られるようなことをしたりする人がいます。そういう人たちは、自分のことしか考えていません。

そういう人たちが「自分」に関心を向けるのでなく、「組織」に、あるいは

「社会」や「世の中」に対して、関心が向けられるようにする。そのために、組織や社会への「貢献」に注目し、光を当てるのです。

そのような具体的な行為が、「ありがとう」「助かった」「うれしかった」というような言葉がけなのです。そのような言葉をかけ続ければやがて、ほめることも叱ることも必要なくなります。「民主的リーダーシップ」において、わたしが特に強調したいことの一つです。

――日本人は特に、「ごめんなさい」をいいがちである気がします。

岸見　率直に申し上げて、自分が悪いことをしていないのに、謝ってほしくないのです。だから青野社長にも、「ごめんなさい」は省いて、全部、「ありがとう」だけで通してもいいのではないかと思うくらいです。

謝罪ではなく、感謝と貢献

青野　そうですね。大事にすべきは、謝罪でなく、感謝と貢献。

岸見　自分では気づかなかったことに気づかせてもらうというのは、本当にありがたいですし、個人が変わるだけでなく、組織全体が大きく変わるきっかけにもなります。そのような指摘を自分がしたことで「貢献した」と、部下が考えられるようになったら、お互いの指摘が揚げ足とりでなく、非難でもなく、組織のための発言になっていくと思います。

青野　その意味では、わたしにはまだ、よくない意味での「嫌われたくない気持ち」が、残っているのかもしれません。

岸見　わたしも子どもに発言するときなどは、「このようなことをいったら、どう受け止められるだろう」と思うあまり、いうべきことのトーンを下げてしまうということは確かにあります。難しいのは、よくわかります。

その「ありがとう」に下心はないか？

青野　そこからまた少し、お話を広げると、感謝の言葉というのは、受けとる側にしてみれば、誰にかけられたかで、うれしさが大きく変わることがあると思うのです。「この人に感謝されるなんて、本当にうれしい！」と。それはやはり尊敬している人、人格的に尊敬している人ですよね。

感謝の言葉で貢献に目を向けてもらうとなれば、自分が発する感謝の言葉のエネルギーを最大化したい。となると、人徳が問われる。そうでないと、「ありがとう」といったところで、「おまえにいわれたくないよ」と。

岸見　その通りですね。

それもやはり、下心があると見抜かれてしまってダメですね。下心が見抜かれるのは、親子関係でもよくあり、特に思春期の子どもは敏感に察します。

今の社会では昔のように、親がむやみに子どもを叱ることはなくなって、「ありがとう」というようにもなりました。そうすると、子どもが自分の期待する行動をとったときにしか「ありがとう」といわない親も出てきます。すると、思春期の子どもは、この「ありがとう」には下心があると敏感に察知します。

部下も同じであって、社長が「ありがとう」というようになっても、そこに何か、自分たちを操作、支配しようとする意図があれば、若い人は特に、すぐ気づきます。

だから、「叱る／ほめる」をやめて、貢献に着目して「ありがとう」をいうことが浸透すると、今度は、部下から「社長のその感謝の言葉は、うれしくないのだ」という声が上がるかもしれません。

逆にいえば、そういうことをいえるような関係を築けることが大事です。そういう意味で、偉そうにしていない、なんでもいえるリーダーだと、みんなに思ってもらう努力は要るのです。それがきっと、青野さんが先ほどおっしゃっていた「嫌われない勇気」というか、嫌われない努力なのでしょう。

「競争社会」はダメなのか？

青野 さて、岸見先生からリーダーシップ論を学んで、わたしから問題提起したいことがあります。

ご著書を読むと、岸見先生は「行きすぎた競争社会」に否定的だと感じます。「過剰な生産性重視に対する批判」といってもいいかもしれません。

しかし、ここはわたしとしては、ひとつ議論してみたいところなのです。

――確かに、リーダーシップにまつわる岸見先生の主張のなかには、競争に対して否定的な言葉が散見されます。著書『ほめるのをやめよう』から引用すれば、例えば……

◎「上司は職場の中にある競争関係を根絶しなければなりません」

◎「別に出世しなくてもいいのです。人間は働かなければ生きていけませんが、働くために生きているわけではない」
◎「厳しい競争社会の中で『自分なんてダメな人間だ』と思い込んでいる人に、誰か
が手を差し伸べないといけない」

……など。これらの主張に、青野社長は違和感を覚える、ということですか。

青野　いや、そうではなく、岸見先生の主張は必ずしも、生産性や競争力の向上と相反しないのではないか、ということです。

なぜなら、わたし自身には、社長の自分が、岸見先生が提唱するような「民主的なリーダーシップ」に舵《かじ》を切ったことで、自社の「生産性が上がった」という感覚が強くあるのです。

かつてわたしは、業績悪化と離職率の高さにもがき苦しんだ末に、メンバーの意見をしっかり聞くことにしました。

岸見　そうでしたね。

青野　その結果、どうなったか。

自分一人で、チームをぐいぐいと引っ張っていこうとするのをやめたら、メンバーもわたしの意見を聞いてくれるようになりました。みんなのモチベーションが上がり、一人ひとりが、会社や社会に「貢献したい」という思いを軸に、自分で考え、行動してくれるようになりました。組織のなかから、嘘も隠しごともなくなり、そのなかで業績も力強く上向いていきました。

つまり、リーダーシップのあり方を変えた結果、生産性は上がったのです。

だから、岸見先生の提唱する「民主的なリーダーシップ」と「資本主義市場における競争力」は両立できるのではないかと思うのです。いかがでしょうか。

「競争は精神的な健康を最も損ねる」

岸見　わたしは、競争には基本的に反対です。

アドラーは、「競争は精神的な健康を最も損ねる」ものだといっていますし、

実際、そうだと思います。

競争というのは、勝てればいいというものではありません。一度は勝っても、またいつ何時、負けるかもしれない。そうやって、いつ負けるかと、みなが戦々恐々としている社会がいいとはとても思えません。勝つ人がいれば、負ける人がいるという社会は、全体としてはプラスマイナスゼロなのであって、そういう社会ではいけないと考えます。

しかし、「あんな人になりたい」と思える人がいるのは、いいことです。それをライバルと呼んでもいいでしょう。自分とは異なる、優れた才能を持つ人がいて、「あの人のように仕事をしたい」「あの人のような働き方をしたい」と願う。そういうモデルとなる人がいるのはいいことだと思います。

そういう人を目指し、頑張ることは、生産性を上げる原動力になります。

しかし、だからといって、その人に「勝とう」と思わなくてもいいですね。その人は、その人のやり方で仕事をしていて、自分はその人とまったく同じ人にはなれないけれど、その人のように仕事ができたらいいなと思う。そのようなモデルがいるというのは、いいことであり、必要でもあります。

それは、最初にいったような「(健康を損ねる)競争」とは違いますが、ある意味での「競争心」かもしれません。そういう気持ちをみなが持てば、社会は随分、変わってきます。

――いい方向に、ですよね。

岸見　何よりも大事なのは「自立していく」ということです。誰もが自分の判断で「この仕事をしよう」と、思えるような社会にしていかないといけません。

賞罰主義のマネジメントにおいては、モチベーションの源泉は「叱られない」「ほめられる」というところにあり、そういう組織においては「叱られない」ように仕事をして、「ほめられない」のであれば仕事をしないという人が育っていきます。

そういう人たちが多く育ってきたというのが今の社会の現状であり、未来においては、限りなく「自立」し、自分の判断で動ける人が育っていかなくてはならない。それがわたしの考え方です。

そういう意味では、自立を「させる」という言葉遣いは間違いです。自立「させられた」人は自立したとはいえないからです。自立を「させる」のではなく、「自分の判断、自覚に基づいて仕事をしよう」と部下が思えるように、リーダーは部下を勇気づけることができるだけです。

青野　ううむ。

離職率が低ければ、それでいいのか?

岸見　そう考えていくと、わたしの主張を突きつめた先には、生産性の向上があると思いますし、生産性の向上は基本的に悪いことではありません。

しかし、その結果、自分の幸福感が減じるのはおかしい。こんなに仕事をして、生産性も上がって、お金も稼げたかもしれないし、昇進もできたけれども、自分自身は少しも幸せではない、と部下が思うような働き方を、上司はさせてはいけない。

青野さんの本を読んでいると、サイボウズという会社について本当に驚かされるのですが、最初は離職率がすごく高かったのが、下がったと書かれていますね。ただ、離職も基本的には悪いことではない。わたしも青野さんも、前の仕事があって、今の仕事があるわけですからね。

そういう意味では、「この人は、わたしたちの会社で働くより、別の会社で働いたほうがいい」という判断を、上司が下せるくらいの度量があれば、部下は自分の持てる才能を、その組織のために使ってくれると思います。それを「自分の判断でできる」というのが、すごく大事なところですね。

そう考えると、やはり、離職しようとする人を止めてはいけない。

しかし、青野さんの会社は、そこにも仕組みを用意されていますね。

青野　「育自分休暇」のことですね。サイボウズを退職するとき、希望者には、最長六年間、サイボウズへの復帰を保証します。

岸見　自由に働けることが、重要です。

青野　そういっていただけるのは光栄ですが、今のコロナ禍のような状況にあると、やはり人間ですから、どうしても焦ったりして、自分の軸を見失いがちです。

岸見先生のお考えでは、非常時のリーダーシップとは、いかにあるべきなので

サイボウズ
CYBOZU
PASSPORT
サイボウズ
CYBOZU, INC.
再入社
PASSPORT
CYBOZU
BOZUMAN
わくわく[redacted]
19 JUN 2017
18 JUN 2023
CYBOZU,INC. HR Division
P<CYBOZUINC<<BOZUMAN<<<<<<<<<<<<<<<<<<<<<<<<<<<<<<<<<<<<
THIS CYBOZU PASSPORT IS NOT MACHINE READABLE<<<<<<00

育自分パスポート

しょうか。生産性と競争の話から少し脱線しますが、この機会に、ぜひご意見をうかがいたいところです。

岸見　今、わたしたちが直面しているのは、誰も経験したことがない事態です。どうしたらいいかを知っている人は、誰一人いません。

だから、まず、リーダーといえど、自分は不完全であるといえる勇気を持つ。そして、一度決めたことに固執することはありません。間違えたと思ったときに撤退する勇気も持てれば、状況は随分、変わると思います。

そして何より、自分のことでなく、組織のこと、社会のこと、世界のことを考える。社員にしてみれば、社長が自分のためでなく、この世の中のために何ができるかということを軸に考え、行動していることさえわかれば、仮に最悪、コロナ禍で会社が倒産する事態になったとしても、この会社で働けたことをよかったと思えるようになるでしょう。

新型コロナは、リーダーのせいではないのです。だから、真実を包み隠さず、自分にもどうするのが正しいのかはわからないのだと率直に打ち明け、組織のため、社会のため、リーダーと部下が協力関係のなかでこの事態を乗り越えていく。そのような勇気を持ってほしいと思います。

青野　おっしゃる通りです。
こういうときだからこそ、自分のリーダーとしての軸をもう一回、社員のため、社会のためにと引き戻す。ここに軸を置いたとき、今、何をすべきかを考え、チャレンジする。もちろん、チャレンジしたら失敗するかもしれない。

岸見　その通りです。

倒産しても「ここで働けてよかった」と思える

青野　そう考えると、新型コロナの影響で売り上げが減った企業が、会社を畳むというのも、決して悪い選択肢ではない。会社を畳むことでとりあえず今、この会社にある現金をみんなに配って、それを原資に新しい仕事を見つけてもらい、みんなが幸せになれるのであればいい。

岸見　しかし、そこまで思い至らない人のほうが多いでしょう。

青野　それがまさにリーダーとしての軸の問題で、社員のため、社会のためでなく、自分の威厳に軸足を置いてしまうと、非常時のリーダーシップは機能しない。無理な延命を優先すれば、みんなが不幸になりますし、そういうことではやはり、社員の心は離れていくでしょう。

――ここでまた備忘録として、今までのお話から浮かび上がった「非常時のリーダーシップ」のポイントをまとめさせてください。

その1．「自分は不完全であるといえる勇気」を持つ

その2．間違えたと思ったときに、「撤退できる勇気」を持つ

その3．自分のためではなく、「組織のため」「社会のため」に考える

「競争」しなくても「生産性」は上げられる

青野　「非常時のリーダーシップ」をまとめていただいたところで、わたしが先ほど問題提起した「競争社会の是非」について、さらに議論を深めたいのですが。

――はい、少し脱線してしまいましたね。競争社会についていえば、岸見先生が引用されたアドラーのこの言葉は、とても印象的でした。

「競争は精神的な健康を最も損ねる」――個人的なことで恐縮ですが、わたし自身、仕事で編集した本がささやかに数千部ずつ版を重ね、一万部を超えてうれしいときでも、同じ社内に十万部を超えて数十万部、あるいは百万部になろうかというベストセラーを出している人もいると思えば、正直、心はざわつきます。

このような思考は確かに「精神的な健康を損ねる」でしょう。

しかし、そんな心のざわつきも含めて「向上心」ではないのでしょうか。競争を否定したら、経済も人間も成長しないのではないのでしょうか。

青野　「競争」はしなくても、「生産性」は上げられるというのが、岸見先生のお話でしたね。それを聞いて、わたしは「競争」とはまた違う、別の言葉を編み出さないといけないのかな、と思ったのですが。

岸見　確かにそうですね。

青野　「競争」という言葉はどうしても「勝ち／負け」とセットになってしまいます。

岸見　繰り返しになりますが、勝てればいいというものではありません。一度は勝っても、またいつ何時、負けるかもしれない。いつ負けるかと、みんなが戦々恐々としている社会、すなわち、勝つ人がいれば、負ける人がいるという社会は、全体としてはプラスマイナスゼロなのであって、そういう社会ではいけないと考えます。

青野　双方が勝つような競争の概念が必要なのでしょうか。

岸見　そうではありません。これも繰り返しになりますが、競争とは関係なく「あんな人になりたい」という人がいるのは、いいことです。それをライバルと呼んでもいいでしょう。あるいは「あの人のように仕事をしたい」「あの人のような働き方をしたい」と願う。そんなモデルとなる人がいるのはいいことだと思います。そういう人を目指して頑張ることは、生産性を上げる原動力にもなります。しかし、だからといって、その人に「勝とう」と思うのは間違いです。

青野　他者への尊敬が伴う、比較の概念をつくることが、幸せで生産性の高い社会を実現するうえで必要なのかもしれません。ライバル心とでもいうべきか。

明日の自分は、働けないかもしれない

岸見　アドラーは「優越性の追求」という言葉を使います。しかし、この言葉はアドラーが生きているときにも誤って理解されていました。

優れた人間でありたいと願う。それ自体は間違ったことではありませんが、そこには、どうしても「梯子《はしご》を下から上に昇っていく」といったイメージがつきまといます。すると、「すでに上にいる人を引きずり下ろす」という発想につながり、競争を助長します。

だから、アドラーの研究者には、「優越性の追求」を、「上下」ではなく、「前

後」で表現しようと考える人もいます。同じ平面上で、前を歩く人もいれば、後ろのほうを歩く人もいる、と。それならば、競争はイメージされない、と。

しかし、わたしはそれでも十分でないと考えています。前にいることが優れていて、後ろを歩く自分はダメなのだと思ってしまう人が必ず出てくるからです。

今の自分は独身でバリバリ働いているとしても、結婚して子どもができれば、たちまちにしてこれまでのような働き方はできなくなります。青野さんが、そのような長い人生のなかで生じる状況の違いに合わせて働いていける会社をつくってこられたことにわたしは共感しますし、社会全体がそうなるべきだと思います。

「競争」という言葉は変えていく必要があります。それに加えて、社会には働く人もいれば、働かない人もいるし、一時的に働けない人もいて、それらすべての人が生きていけるという、言葉の本当の意味において「多様」な社会をつくっていかなくてはならないと思うのです。

昔、ある診療所に勤務していたときのことです。

デイケアのプログラムがあり、六十人くらいの患者さんが毎日、来院されていました。毎日、みんなで料理をします。六十人分くらいの食材を買ってきて調理するという大変な作業です。しかし、「これから買い物に行きます」と、一緒についてきてくれる人を募っても、応じるのは六十人のうちの五人ほどです。買い物から帰って「料理をつくるので手伝ってください」といって、応じるのも五人ほどです。そしていざ「カレーライスができました」となると、診療所のどこからともなく患者さんが集まってきて、カレーライスをみなで食べる。

それでも、体調がよくなくて手伝わずに食べるだけの患者さんを誰一人、責めないのです。

なぜかというと、「今日のわたしは元気だから手伝えたけど、明日は調子が悪くなって手伝えなくてもごめん」という暗黙の了解があったのです。

患者さんたちを見て、わたしはこれが健全な社会の縮図だと思いました。さまざまな事情で仕事ができなくなっても、その人を「生産性」という観点から、「価値がない」といってしまう社会であってはいけない。わたし自身、親の介護を長くしてきてそう思いました。

青野　それで思い出すのが、大阪にある「パプアニューギニア海産」という会社です。パプアニューギニアから輸入したエビを加工して販売する、社員十数人の会社なのですが、出勤するもしないも自由、出勤しないという報告すら不要なのです。

岸見　驚きですね。

嫌いな仕事はしなくていい

青野　それでも、毎日、誰かは出勤する。過去に一度だけ、誰も出勤しなかった日があると聞きましたが、それでも回る仕組みをつくっているのです。さらに驚くのは、嫌いな仕事はしなくていいのです。

例えば、「わたしはエビの計量は好きだけど、衣を付けるのは嫌いです」と申告したら、衣付けの作業は免除される。それで働く人のモチベーションが上がり、辞める人が減り、入社を希望する人が増えた。経営者である武藤北斗工場長とわたしが対談した記事が、弊社サイトにあるので、ご興味があれば、ぜひ読んでみてください。

岸見　誰かが見張っていないと、人は仕事をしないというのは誤解です。自由な環境に置かれたとき、貢献感が持てると思えば、人は働きます。自分のできる範囲で働きます。それが、言葉の本当の意味においての「自立」です。だから、リーダーは「指示をする」というより、「モデルになる」べきだと思います。

青野　興味深い視点です。

「幸せなハードワーカー」はブラックになりやすい

岸見　上司を見て「楽しそうだな」と思えるのはいいですね。「今、すごくハードに働いているけれど、それが全然、苦ではない」という人は確かにいて、素敵です。

だからといって「自分がこんなにたくさん働いているのだから、おまえたちも同じようにやれ」となると、ブラックになってしまいます。

青野さんも同じだと思いますが、わたしはフリーランスで働いていて、ハードワークです。朝早くから深夜まで、孫と遊ぶ時間を除けば、起きている間はほとんど仕事をしています。このような働き方をほかの人にやれとは、絶対にいいません。しかし、わたしが嬉々としてこのように働いていることを、誰かに見てもらったり、そうやってできた本を、「ああ、読んで本当によかった」と思ったりしてもらえるなら、世の中全体の生産性の向上に貢献していることになるでしょう。

青野　幸せでかつ、生産性が高い。多様な人々の対等な関係から価値が生まれる、理想的な社会です。

――確かに、岸見先生のいうように「貢献に焦点を当てる」ことができれば、仕事にまつわるわたしの心のざわつきも少しは治まりそうな気がします。働く人々は、それぞれに異なる状況に生きていることを、忘れてはいけないと痛感しました。いろいろなことがつながっているのですね。

第2章

ユーグレナ社長・出雲充さんとの対話

――2020年7月17日の対話

我慢しても、部下に怒りが伝わってしまうのです。

出雲充　いずも・みつる

ユーグレナ社長
1980年生まれ。東京大学農学部卒。2002年、東京三菱銀行入行。2005年8月、ユーグレナを創業。同年12月、微細藻類ユーグレナ（和名：ミドリムシ）の食用屋外大量培養に世界で初めて成功。起業を志すきっかけとなったのは、大学に入学した1998年、インターンシップで訪れたバングラデシュで「日本では出合うことのない、しかし世界に確実に存在する本当の貧困」と出合い、衝撃を受けたこと。廃食油やユーグレナ由来のバイオ燃料の開発などでも注目を集める。

イラスト：山本重也

岸見　出雲さん、はじめまして。といっても、初めてという気がしないのですが。

出雲　いや、とうとう……。悩める「青年」が、ようやく「哲人」に出会えました。感激です。

――出雲社長は、岸見先生のベストセラー『嫌われる勇気』の熱烈な愛読者として知られます。

岸見　実際にお目にかかるのは初めてですが、出雲さんには、あちこちのインタビューや書評で『嫌われる勇気』を取り上げていただき、お名前だけは存じていました。

出雲　ええ。本日の対話のテーマは「リーダーシップ」ですが、ずっとお会いしたいと願ってきて、やっと出会えた岸見先生に、わたしがまずお伝えしたいのは『嫌われる勇気』という本への感謝なのです。

最近では、新型コロナウイルスの感染拡大が大きな社会課題となっていますが、『嫌われる勇気』が刊行された二〇一三年以来、社会に大きな変化や危機が起きるたび、わたしはいつも『嫌われる勇気』という本に助けられてきました。だから、今日はどうしてもそのお礼から、お伝えしたいのです。

——出雲社長のインタビュー記事などを拝読すると、特に感銘を受けられたのは、次の二点ではないでしょうか。

【1】「原因論」ではなく、「目的論」
【2】「共同体感覚」

引きこもるために、絶望する人たち

出雲　ええ、『嫌われる勇気』になぞらえれば、「青年」たるわたしは今日、「哲人」である岸見先生と、この2点から対話を始めたいのです。

二〇一一年、東日本大震災が起きたとき、岩手県釜石市に、わたしたちの研究パートナーがいました。わたしたちの会社は、ユーグレナ（和名：ミドリムシ）をはじめとする微細藻類の力で、サステナブルな社会をつくることを目指していま す。そのための研究をともにしていた海洋バイオテクノロジー研究所が釜石にあ りました。この研究所が震災による津波で流された後、わたしは東北に赴き、釜 石のほかに被災した三陸地方の町をいくつか訪問しました。

行政の人に案内されて、パチンコ店を見学しました。随分、繁盛していまし た。パチンコ店の繁盛をどう捉えるかは人それぞれだと思いますが、震災後、多 くの人々が生きる意欲を挫かれたことが伝わってきました。

その後、小学生の子どもたちがダンスをしているのを見ました。被災した子ど もたちがダンスを習い、そのダンスを地元の介護施設にいるおじいちゃん、おば あちゃんに見せて、元気づけようとしていました。がれきの撤去に来た自衛隊の 人たちにもダンスを見せたり、お礼の絵手紙を描いたりしていました。

この二つの風景を見て、わたしのなかに何か深く響くものがありました。

そして二年後、『嫌われる勇気』を初めて開いたとき、あのときの光景が脳裏 によみがえったのです。もう何度も読み返していますが、冒頭の27ページです。

——「不安だから、外に出られない」のではありません。順番は逆で「外に出たくないから、不安という感情をつくり出している」

ああ、あの町でわたしが見たのは、これだ。意欲を失っているように見えた人々の姿、あれは「見かけの因果律」に閉じこもってしまう人々の姿だったのだと。

――被災したから意欲を失い、前に進めずにいるのではない。前に進みたくないから、被災して意欲を失ったという「因果律」をつくり出している。それはあたかも、引きこもるために絶望を生み出すようなものではないか、というわけですね。厳しいいい方にはなりますが。

出雲　『嫌われる勇気』は、哲人が青年を喝破する場面から始まります。

すなわち、青年が主張するような「両親から虐待を受けたから、部屋に引きこもり、出られなくなった」といったロジックはまやかしである。「あまねく人の『現在』が、『過去』の出来事によって規定されるのだとすれば、両親から虐待を受けて育った人は、すべてが引きこもりになっていないとつじつまが合わない」

ではないかと、哲人は斬りこみます。

ここから引き出されるのが、「目的論」です。過去のトラウマに縛られる「原因論」を否定し、過去に関係なく、未来は自分で選べるという考え方です。

この世界には苦しみがあるが、危険な場所ではない

――この考え方に、出雲社長は強く共鳴し、感銘を受けたのですね。感銘を受けたのは、この目的論ともう一つ、「共同体感覚」でしたね。

出雲　そうです。被災地にあっても、おじいちゃん、おばあちゃんのために踊る子どもたちは、周囲の人たちの役に立とうと頑張っていました。岸見先生が説くところの「共同体感覚」を持っていました。あの困難な状況にあって、子どもたちがいきいきしていたのには、そういう理由があったのだと、『嫌われる勇気』を読んで、得心しました。

だから、わたしは大きな社会の変化や危機に見舞われるたびに『嫌われる勇

気』を読み返し、「共同体に貢献する」という気持ちをあらためて持とうと誓うのです。

わたしはたまたま、ユーグレナの研究を通じ、地球の生態系に貢献するという人生を選びました。ですから、共同体感覚という考え方に対し、『嫌われる勇気』の青年ほどには違和感を覚えません。それでも迷う局面は多々あり、迷ったときにはここに帰ってくるという「導きの星」として、『嫌われる勇気』を愛読しています。そのような人生の指針をいただいたことに、まず深く感謝したいのです。

岸見 今の出雲さんの言葉を聞いて、わたし自身、あらためて気づくことがあります。

人間が苦しみのなかにあったとき、どうすれば救われるのか。わたしはずっと、この問いに対し、答えを探し、考え続けてきたのです。今ならば感染症の蔓《まん》延《えん》のために、つらい思いをしている人がいるでしょう。そういう局面で人々が、どうすれば希望を見出せるか、ということを、いつも考えているのです。

――哲学者として。

岸見　特に子どもたち、若い人たちには、この世界や人生にはいろいろな苦しみがあるけれど、だからといって絶望しないでほしい、と伝えたい。出雲さんはもう十分にご存じだと思いますが、あなたの周囲の人々は、仲間であって、敵ではない。

出雲　はい、そうです。

「私は未来へのよき希望を失うことができなかった」

岸見　怖いことが起こっても、周囲の人々は仲間であって、敵ではない。ほかの人たちは、自分を陥れようとするような怖い人ではありません。苦しみのなかにあっても、あなたが必要とすれば、援助しようとしてくれる仲間なのだと思ってほしい。

もしも、そう思えないとしたら、もしも自分の周囲の人たちは怖い人だと思ってしまったら、他者に援助を求めようという気持ちは持てないし、さらには他者に貢献しようという気持ちも持てないからです。

他者に貢献しようという気持ちを持てなければ、苦難のなかで希望を持つことができません。苦難のなかで希望を持つにはどうするかというと、自分が他者の役に立てているという感覚を持つこと、貢献感を持つということだと思います。

だから被災地の人が苦難から立ち上がるためには、先ほどの出雲さんの話にあったように、子どもたちがダンスを披露することで、おじいちゃん、おばあちゃんの役に立てているという感覚を持つといったことが必要です。

そのことで子どもたちの世の中に対する信頼感が増し、苦しみのなかにあって希望を見出すことができるのです。

哲学者の三木清は、こういっています。

「私は未来へのよき希望を失うことができなかった」

三木がこう書いたのは、二十三歳のときでした。『語られざる哲学』にある一節です。三木は一九四五年の九月、四十八歳で獄死しました。政治犯として収監され、敗戦から一カ月以上たっても釈放されないまま、亡くなったのです。

『語られざる哲学』を書いたとき、三木はまだ自分の未来にある過酷な運命を知りませんでしたが、なぜ「希望を失わなかった」ではなく、「希望を失うことができなかった」と書いたのか。

人は一人で生きることはできません。常に他者とのつながりのなかで生きています。希望はその他者から与えられるものだからです。

希望とは、自分の内面から生まれるものではなく、他者から与えられるものなので、自分が今、苦しみのなかにあっても、希望を失うことはできないのです。

逆にいえば、わたしたちも、苦しみのなかにある人たちに対し、力になりたいと考え、できることをやっていかないといけない。

今日の対談に臨むにあたって、出雲さんの著書『僕はミドリムシで世界を救うことに決めました。』（ダイヤモンド社）を読みました。バングラデシュの貧困問題に始まり、地球の生態系、そして宇宙までを視野に入れた、非常にスケールの大きい意識で事業をされていて、興味深く思います。

「信用」より「信頼」を大事にしたい

出雲　ありがとうございます。

先ほどの本にも書きましたが、わたしは一九九八年、十八歳のとき、バングラデシュで栄養失調の子どもたちを見て、栄養豊富な食材を探すべく、生物学を学び、ユーグレナという藻類に行き着きました。

バングラデシュで出会ったわたしの師匠は、ムハマド・ユヌス先生です。グラミン銀行という貧しい人々のための銀行をつくられた先生です。十八歳のわたしは、グラミン銀行のインターンとして、貧困問題を学ぶためにバングラデシュを訪れ、ユヌス先生とご縁ができました。

ユヌス先生がつくった銀行の何が画期的だったかといえば、「信用」でなく「信頼」をベースに融資をしたことです。

一般的な銀行は、信用に基づいて融資をします。担保や保証人、あるいは実績によって信用を測り、融資するかどうかを決めます。

しかし、ユヌス先生は、世界で最も貧しい、年収にして三万円、農作業を一日した稼ぎが百円ほどで、そのためにどうしても生活がよくならないという人々に、年収と同じ三万円を、無担保、無保証で融資したのです。信用ではなく、信頼に基づいて融資したのです。

その結果、どうなったか。

この三万円があると、例えば、肥料が買えて、農作物の収穫量が倍になり、収入が倍になる。人間の努力だけでは、今までの二倍働いたところで、農作物の収穫量は二倍になりません。しかし、そこに少しの資本が加わり、肥料を買えれば、年収が倍になり、三万円を返済できる。そしてグラミン銀行は、返ってきた三万円を、また次の貧しい人に融資する。

ユヌス先生は、これを九百万人以上もの貧しい人々に行いました。信用ではなく、信頼に基づく、無担保・無保証の融資を続けて、バングラデシュの貧しい人々の生活が豊かになった。

その活動をわたしが目の当たりにしたことから、ユーグレナの事業はスタートしています。

この信用と信頼の違いについて、岸見先生も繰り返し説かれていますね。ユヌス先生を師匠としてきたわたしには、非常になじみやすい考え方です。しかし、もっと広く深く、世に浸透してほしいと願います。例えば、ベンチャー投資においても、子育てにおいても、職場におけるリーダーシップにおいても。

——銀行は一般に「信用」に基づいて融資する。しかし、グラミン銀行は「信頼」に基づいて融資をすることで、貧困の連鎖を裁ち切るだけでなく、それが持続可能なモデルであることも証明した。そんなグラミン銀行の創設者であるユヌス氏との親交があればこそ、出雲社長は、岸見先生が説く「信用と信頼」に強く感銘を受けたのですね。

出雲　二〇〇六年にノーベル平和賞を受賞されましたユヌス先生は、事業におけるわたしの師匠です。

グラミン銀行という事業の何が画期的であったかといえば、「信用」、すなわち担保や実績ではなく、「信頼」に基づいて融資を行ったことだと、先ほど申し上げました。

そんなユヌス先生との出会いから十数年の時をへて『嫌われる勇気』を読み、

岸見先生の言葉に初めて触れました。最初から不思議と肌になじむ感覚があったのは、「信用ではなく信頼を土台にする」という岸見先生の考え方が、ユヌス先生と共通していたからでしょう。

――「信用と信頼」について、『嫌われる勇気』から引用します。

ここでは「信じる」という言葉を、信用と信頼とに区別して考えます。まず、信用とは条件つきの話なんですね。英語でいうところのクレジットです。たとえば銀行でお金を借りようとしたとき、なにかしらの担保が必要になる。銀行は、その担保の価値に対して「それではこれだけお貸ししましょう」と、貸し出し金額を算出する。「あなたが返済してくれるのなら貸す」「あなたが返済可能な分だけ貸す」という態度は、信頼しているのではありません。信用です。

これに対して、対人関係の基礎は「信用」ではなく「信頼」によって成立しているのだ、と考えるのがアドラー心理学の立場になります。

（編者注：その場合の信頼とは）他者を信じるにあたって、いっさいの条件をつけないことです。

出雲　グラミン銀行は、まさに「いっさいの条件をつけない」で、無担保・無保証で融資を実行し、そのうちの約99％が返済されています。

一方で、日本の銀行は、契約書でがちがちに相手を縛って、たくさんの担保を求め、それでも回収できずに一時期は不良債権を（全銀行で）何十兆円もこしらえたりして、困っていたわけです。なんだかバカバカしい気がします。

融資を得るのに苦労した経験のない経営者など、いないでしょう。

わたしは、バングラデシュでのユヌス先生との出会いをきっかけに、「ユーグレナ（和名：ミドリムシ）で地球を救うぞ！」と決意し、起業しました。当然、銀行にうかがいます。

例えば「ユーグレナ由来のジェット燃料を実用化したいので、そのための資金調達をしたい」と相談に上がります。銀行の担当者は上司に報告します。「ミドリムシで飛行機を飛ばすという会社が、お金を貸してほしいと来ています。××億円、かかるそうです」と。そこで上司は「担保はあるか？」「実績はあるか？」

を、問うてきます。

担保と実績。銀行では必ず、この二つを聞かれます。

しかし、日本に限らず、世界のどこであっても、新しいことに挑戦する若者やベンチャーに担保と実績を求めても……。そもそも求めること自体が矛盾していますよね。新しいチャレンジなのに、担保と実績がないとスタートできないのなら、イノベーションなど生まれようがありません。

この矛盾に気づいていない人が、まだまだ多いと思うのです。日本でも世界でも。

わたしは幸い、実績や担保、信用がなくても、「この若者の情熱を信頼しよう」という仲間や企業に多く出会うことができて、ここまで来ました。一緒に創業した仲間の鈴木（研究開発担当の執行役員、鈴木健吾氏）、福本（ヘルスケアカンパニー セールス担当の執行役員、福本拓元氏）に続いて、伊藤忠商事などの大企業からも協力者が現れました。多くの人たちが、信用ではなく信頼に基づいて応援してくれて、今のわたしがあります。

信用をベースに判断することは、既存のビジネスにおいてはもちろん重要ですが、信頼をベースに判断することなしに、新しいビジネスにはチャレンジできない。この事実を、社会のリーダー層、特に銀行のリーダーの方々に、ぜひ理解いただきたいと思うのです。

「昔のソニー、ホンダ（本田技研工業）は、銀行が応援して育てた」といった話をよく聞きます。「今はそういうことがなくなってしまった」と嘆く人がいます。

それは、銀行が変わってしまったのではなく、リーダーシップのあり方の問題である気がします。信頼をベースにしたチャレンジから、新しいビジネスを生み出し、大きくするということを、昔の日本のリーダーは知っていた。けれど、今はみんなが忘れてしまった。

類似商品がないと、新企画が認められない

岸見　出雲さんもそうだったとご著書で知りましたが、若いころからわたしの預金通帳は、残高がいつも十数万円だとか、非常に少なかった。だから、銀行に行ったところで、誰かに相手にされるということはまったくありませんでした。

ところが、『嫌われる勇気』が刊行された後、突然、銀行から電話がかかって

きました。「ダイヤモンド社というところから昨日、振りこみがあったようですが、何か心当たりはありますか」と。いつも残高の乏しい口座に振りこみがあったので、不審に思われたようです。

出雲　なんと！

岸見　最初に本を刷ったときでしたから、さほど大きな金額ではありませんでしたが、それでもわたしのいつもの残高と比べれば、天文学的な数字でした。その後、銀行に用事があって足を運ぶと、ぱっと融資担当者が飛んできます。それで投資信託を薦めたりなどするのです。

出雲　ひどい！　失礼しちゃいますね。

岸見　お金で人を判断するというのは嫌なものですが、「この人と付き合ったら、自分の得になるかどうか」ばかりを考えて、態度を変える人は現にいます。『嫌われる勇気』を刊行することは、版元にとって冒険だったでしょう。わたしは無名の著者で、似たような本は過去にありませんでしたから。それでも版元がそんな冒険に踏み切ったのは、信頼してくれたからです。この本の企画が通ったとき、その背後にあったのは信用ではなく、信頼でした。

――最初から成功が約束されていたわけではなく、むしろリスクが高いプロジェクトだったのですね。

出雲　それが今では、国内二六〇〇万部超、シリーズ累計で世界九〇〇〇万部の大ヒットです。現代の新しい古典と呼ぶにふさわしい名著だと思います。

「どうせまた」が、勇気を挫く

岸見　出雲さんと銀行の交渉のように、出版社も一般には新しいことに対して慎重になるものでしょう。企画会議で聞かれるのが、「過去に類書（類似した本）があるか。その類書は、どれだけ売れたか」です。

売れた本の類書を出版すれば「そこそこ売れる商品」になるかもしれませんが、ベストセラーはなかなかつくれません。

出版したら必ず売れるとわかっている本などありません。それでもチャレンジしなくては、世の中を変えるような本は生まれません。

そういうことを、すでに年長者となったわたしたちは理解しなくてはなりません。若い人が「これは売れると思います」といって企画書を持ってきたとき、上司が即座に「これは無理だろう」「今までに成功したためしがない」などと否決していたら、変革など起こりようがありません。変革を求めるなら、若い人がチャレンジしようとしたとき、失敗しそうに思えても、背中を押したい。その際、絶対に必要なのが信頼、信頼する勇気です。

普通の対人関係でも同じです。

わたしには、不登校の子どもを持つ親御さんと話す機会が多くありました。長く不登校だった子どもが突然、「明日から学校に行く」といい出すことがあります。そのとき、親がなんというかというと「どうせまた、一週間もすれば行かなくなるのでしょ」。そうやって出ばなを挫いてしまうということがよくあります。それは、友だちが「明日からダイエットする」といったとき、こう答えるようなものです。

「そんな言葉は聞き飽きた」

そんなことは、いってはいけないですね。

それと同じで、子どもが「学校に行く」といったら、親には見守るか、「頑張って」と、そっと背中を押してほしい。

それでまた不登校に戻るということを過去に繰り返していたとしても、ですね。「どうせまた」という親の態度が、子どもの勇気を挫いてしまう。

現代の人間関係が全般に、信頼でなく信用に軸足を置いたものになっていることは、非常に問題だと思います。

部下の苦言は、上司を信頼している証拠

出雲 親子関係でも、ビジネスでも、そしてリーダーシップにおいても。岸見先生が『ほめるのをやめよう』の36〜37ページで指摘している通りです。この2ページは、ずっとマーカーで線を引きながら読みました。

ここで先生は、上司と部下がよい関係にあるための条件として「信頼」を挙げています。そして、部下の何を信頼するかといえば、次の二つがあるという。

第一に、部下に、課題を自分で解決する能力があると信じ、信頼する。

第二に、部下の言動によい意図があると信じ、信頼する。

わたし自身、この二つは、リーダーとして致命的に重要であるとひしひし感じます。この本を通じて、あらゆる分野でリーダーの役割を担う人々に、この二つの信頼の重要性が伝わっていったら、日本は本当によくなる。そう思って、わくわくしながら読ませていただきましたが……。

このような解釈で、大丈夫でしょうか？

岸見　はい、大丈夫です。

上司にしてみれば、部下を見て「課題を自分で解決する能力がある」とは、なかなか思えないでしょう。見た目に頼りなく、これまでも失敗を繰り返しているので、また失敗するのではないかと思える。

しかし、そのような部下であっても、信頼しなくてはいけない。その部下には、課題を自分で解決する能力があると信頼しなければいけない。

部下にしてみれば、そのような信頼に基づいてチャンスを与えられない限り、自らの能力を伸ばしようがないのです。

リスクはあるけれど、チャレンジさせる。失敗したら上司の自分が全部、責任を持つ。そのような気迫を持って仕事に臨んでいるリーダーは現にいます。

二番目の「部下の言動によい意図がある」という信頼についていえば、部下が、上司の自分に意見してくれるのは、ありがたいことです。「この上司はダメだ、何をいっても通じない」と思えば、部下は何もいわず、あきらめてしまうだけです。

意見してくる部下というのは、多くの場合、上司にとって耳が痛いところを突いてきます。的を射た意見であればなおのこと、人によっては、いよいよ腹を立てるかもしれません。しかし、そのような意見をあえて口にするのは、「この人ならば意見をいえる」と、上司を信頼しているからです。上司には、そのことをありがたいと思ってほしい。

もちろん、部下の意見が常に正しいわけではありません。間違った理解があれば、それをきちんと正さなくてはなりません。その際、上司は言葉で説得しなくてはいけません。叱るというのはありえないですし、まして部下に対して不機嫌になるというのは、非常に子どもじみた、上司にあるまじきふるまいであるとわたしは考えます。

頭ではわかっても、実践できない

出雲　そこで、先生に相談したい悩みがわたしにはあるのです。

岸見先生が書かれた『ほめるのをやめよう』を読んで、わたしは「民主的なリーダーシップ」について学びました。読んだときには非常に共感したのですが、いざ自分が実践するとなると、「これって、本当にできるのかな?」と、思ってしまうところもありまして……。

いや、本当にお恥ずかしい話なのですが、本を読み進めながら、「現実問題として、これは実践可能なことなのか?」という疑念を抱いてしまったのです。

岸見　どこでしょう。ぜひ教えてください。

出雲　いやあ……。しかも、そんな疑念が湧いてきた矢先、わたしの気持ちを見透かしたような記述が本に出てきました。158ページです。

ほとんどの人が「先生の話はすごくわかります、でも」といいます。英語でいうと「yes, but」です。「はい、わかりました、でも」といった時点で、しないと決めているといって間違いありません。どうしようか迷っているわけではないのです。

まさにわたしが、「わかります。でも……」と、心の中でいいかけたとき、この記述が出てきて、読みながら思わず、大笑いしちゃいました。

しかし、これを読んでもなお、わたしの心は、「yes, but」なのです。先生の説く「民主的なリーダーシップ」に納得しながらも、「変わりたくない」「今のままでいたい」「新しいことに挑戦したら失敗するのではないか」といったことを、あれこれ考えてしまうのです。

そこで今日、岸見先生に助言を求めたいことが二点あります。

一つ目は「課題の分離」です。

アドラー心理学における「課題の分離」とは、さまざまな課題について、「最終的な結末が誰に降りかかるのか」「最終的に困るのは誰なのか」という基準によって、「誰の課題」であるかを明確にすることですね。そして、他人の課題には、原則として踏みこんではいけない。例えば、親子関係において、子どもの課題に親は口出ししてはいけないといったことです。

『嫌われる勇気』にも出てくる考え方ですが、実践において非常に難しいと感じるところです。

『ほめるのをやめよう』には、岸見先生の息子さんが二歳のときのエピソードが出てきます。

二歳の息子さんが、ミルクの入ったマグカップを持って歩き始めた。そのおぼつかない足どりを見て、岸見先生は、ミルクをこぼしそうだと予想した。しかし、マグカップはプラスチック製であることだし、大ごとにはならないと判断して、息子さんがミルクをこぼすのを黙って見ていた、と。ミルクをこぼさないで飲めるようになるかは、子どもの課題であって、親である自分の課題ではないということですね。

わたしにも子どもがいます。しかし、同じ場面に遭遇したとして、自分の子どもを叱らずにいることなど、わたしにはとてもできそうにありません。

岸見　当然、危険なことを子どもがしそうなときは止めなければなりませんが、止めるために叱る必要はありません。「やめなさい」といえばいいのです。大事なことは、同じ失敗を今後しないことです。同じ失敗をしないためにはどうしたらいいか、尋ねるのです。必要があれば教えなければなりませんが、教えるときに叱る必要はありません。

出雲　わたしは子どもだけでなく、当社でともに働く仲間に対しても、そうなのです。努力していないわけではなく、折々に「これは、前にもいったじゃないか！」と怒鳴りたくなるのを、ぐっとこらえて、なるべく怒らないように……。

「なんで、できなかったのだと思う？」

「これは、自分で設定した目標の十分の一にも到達していないよね」

「どうして、このような目標を設定したのか、思い出してみようよ」

……と、話しかけたりしています。

しかし、それでもやっぱり、怒りが少しにじんでいるのが伝わってしまって、相手を萎縮させているように感じます。

つまりわたしは、「課題の分離」について繰り返し読んでもなお、子どもや部下に改善を求めたいとき、課題をどのように伝えたらいいのか、ということについて、悩んでいるのです。

岸見　二点目は何ですか。

出雲　助言をいただきたいことの二点目は、「ありがとう」です。

岸見先生が主張する「民主的なリーダーシップ」の結論は、「ありがとう」というパワフルな言葉の重要性にあると思います。

子どもや部下に対して、叱ることをやめ、ほめることもやめ、「ありがとう」という言葉をかけるというのが、岸見先生の主張だと思います。

これを読んでわたしも「今日から『ありがとう』といいまくろう！」「自分は世界で一番『ありがとう』をいう社長を目指すぞ！」と心に決め、社内でも高らかにそう宣言しました。しかしながら……。

本音では「この人、ちゃんと頑張れているのかな？」と、疑問を抱いているメンバーに対し、いいところを探し出して「ありがとう」をいっても、どうしても我ながら、心がこもらないというか、「本当にあれでよかったのかな」と思うときがたくさんあって、なかなか大変だなあ、と思っています。

岸見　そうでしょうね。

出雲　きっと先生も、大変だとわかっておられるから、何回も繰り返し、書かれているし、「yes, but」の話も書かれたのだと思うのですが。

いや、わたしのように、岸見先生の本を読んで「いいね！」「やりたい！」と思いながらも、なかなか実践できないという人は多いと思うのです。そんなわたしたちのような中級者……と、勝手に自称しているのですが、そのような中級者の「青年」に、本には書かれなかったようなアドバイスを、何かいただけないでしょうか。

岸見　では、「yes, but」の問題から、お答えしましょう。

「はい、わかりました、でも」という人は、「やってみよう」という気持ちと「やらない」気持ちが拮抗しているわけではありません。「でも」といった時点で、「やらない」と決めているのです。

出雲　なるほど。

「AだからBできない」を繰り返す人の落とし穴

岸見　ですから、わたしの本に書いてあることを読んで「でも」といいそうになったとき、「でも」というのをやめてみてはいかがでしょうか。

「ありがとう」などといえないと思っても、どんなに顔が引きつってもいいので、「ありがとう」といってみてください。そういってみたことで、その後に自分の周りで起きる変化を観察してみるといいと思います。

アドラーは「劣等コンプレックス」という言葉を使っています。劣等コンプレックスとは、「AだからBできない」「AでないからBできない」という論理を、日常生活のなかで多用することです。

この「A」として、いかにも「仕方ない」「やむをえない」と思うような理由を持ち出します。例えば「過去にこんなひどい経験をして、それがトラウマになっている」といったようなことです。

こういういい方をする人は、「yes, but」というときにも、「but」の後に語れる理由を山ほど持ち出してきて、「しないでおこう」という決心を固めます。この状態から脱するには、とりあえず一度、「but」をいうのをやめてみる勇気を持つ必要があるでしょう。

出雲さんは先ほど、ご自身のことを「中級者」と表現されましたが、もしも「上級者」とおっしゃったなら、今日のこの対談はそこで打ち切って、帰ってしまったかもしれません。

出雲　えっ⁉

岸見　冗談ですよ。「わかっています」という人が、全然、わかっていないことがあります。出雲さんのように、「自分には、まだまだわかっていないこと、できていないことがある」と認識しているのは、大事なことだと思います。

わたしたちは「永遠の初級者」であるべき

——むしろ永遠に初級者であるべきなのかもしれない。

岸見　『ほめるのをやめよう』は、わたしにとって、初めてリーダーシップを論じた本でしたが、著した狙いの一つに、すでに民主的なリーダーシップを発揮しているリーダーへの貢献があります。

わたしは哲学者なので、常に理論的に話をしなくてはならないと考えています。わたしがリーダーシップを理論的に語ることができたなら、現によきリーダーシップを発揮しているリーダーが、自分たちのやってきたことがなぜうまくいったのかに納得し、自分たちがこれまでやってきたことは確かにこれでよかったのだと、確信するきっかけになるでしょう。そうなっていれば、ありがたいと思います。

よく「頭ではわかるのだけど」といわれます。講演などをすると、「頭ではわかるのだけど」という枕詞《まくらことば》のついた質問を多く受けます。

――理論的だから「頭ではわかる」。だけど「現実には……」と。

岸見 そういう人には、「それなら、まず頭でわかってください」といいます。頭でわからないことは実行できませんから、まず頭でわかってください、と。

出雲 まさにわたしは、頭でわかって実践できずにいるわけです。

――「民主的なリーダーシップ」を学んだ出雲社長が、「難しい」と感じているポイントを、いったん整理してみますね。

【1】会社でともに働く仲間に対し、怒らないこと
→どうしても怒りの感情がにじんで、相手を萎縮させてしまうことがある

【2】「ありがとう」をたくさんいうこと
→岸見先生の本を読んでから心掛けているが、言葉に心がこもらないときがある

最初の悩みは、「課題の分離」に関わる問題ですね。

岸見　「課題の分離」は、本当に難しいのです。

他人の問題に土足で踏みこんではいけない

——「課題の分離」とは、例えば、子どもが勉強しないのは子どもの課題なのだから、親が口出しすべきではない、といったことですね。ただし、職場の人間関係では、親子関係と違って、部下の失敗などに上司が口出ししないわけにはいきません。それでも、上司が部下の課題を指摘するとき、叱ったり、怒ったりすることはあってはならない、というのが、岸見先生の考えです。

しかし、現実に同じ失敗を繰り返すような人がいたとき、怒りの感情がまったく湧かないというのは難しいと思います。

岸見　基本に立ち返るなら、「課題の分離」は、最終的な目標ではありません。究極の目標は「協力」です。

出雲　はい。

岸見　人と人とが協力して生きていくということが一番、大事なのであって、親子関係でも、職場の人間関係であっても、最終的には「協力する」ことが必要です。ただ、協力するときに、「誰の課題か」がわからなくなっていることが多いです。だから、もつれた糸をときほぐすように、「これは、あなたの課題」「これはわたしの課題」というふうに分けてから、協力していかなくてはいけない。
アドラー心理学では、「共同の課題にする」といいます。

出雲　はい。

岸見　勉強しなくて成績が悪ければ、行きたい大学があっても入れないわけで、その結末は、子どもが自分で引き受けるしかない。
だから、子どもが勉強しないと相談に来られた親御さんには、「それは、子どもの課題であって、親のあなたの課題ではない」と、わたしはいいます。
子どもの課題に親が口を出すと、必ずトラブルになります。およそ対人関係のトラブルとは、他人の課題に土足で踏みこむこと、ないしは自分の課題に土足で踏みこまれることから起こります。

出雲　はい。

岸見　だからわたしは親御さんに「子どもの課題については、もう一切、口出ししないでください」といいます。しかし、親御さんは「でも」といわれる。

出雲　ああ、まさにわたしのように。先ほど、教えていただきましたね。「はい」と答えた後に、「でも」といいたくなるのを我慢しなさい、と。

岸見　親御さんは、こういわれます。「わたしが勉強しなさいといわなければ、この子は勉強しません」と。

出雲　「何もいわなかったら、この子はどうなっちゃうの？」と。よくわかります。

勉強しない人生も、美しい

岸見　子どもの成績は下がるでしょうね。

これまで親に「勉強しなさい」といわれて勉強してきた子どもは、親が突然、何もいわなくなったら、勉強しなくなるかもしれません。それで成績が下がり、いよいよこれではダメだと思い至って、子どもが自分の意思で勉強を始めたのなら、それが自立するということです。そうなるまで親は手出し、口出ししてはいけない。

勉強しない人生も美しい人生だと、わたしは思います。学校でなくても勉強しようと思えばできます。親御さんから相談を受けたときには、よくそういいます。

一生懸命に勉強して、いい学校、いい会社に入っても、幸せになれるとは限りません。だから、子どもが自分の意思で、親の理想とは違う人生を歩むことになっても、それを見守ろうという勇気を持ってほしい。

これは、今日の出雲さんとの対話における、もう一つの大事なキーワード、「信用と信頼」に関わることですね。

とはいえ、子どもの勉強を、親と子どもの「共同の課題」にできないかといえば、できないわけではありません。

親にしてみれば、子どもが勉強しなかったら、子どもに声を掛けたいでしょう。声を掛けてもいいのです。ただ、土足で踏みこんではいけない。

そこで、このような言葉を掛けてくださいと、助言します。

「最近のあなたの様子を見ていると、あまり勉強されているようには見えません。そのことについて一度、話し合わせていただきたいのですが、いいでしょうか？」

子どもはおそらく、「放っておいてくれ」と答えるでしょう。

出雲　そうでしょうね。

「事態は、あなたが思うほど楽観できない」

岸見　そこでひるまず、こういうのです。
「事態はあなたが思っているほど楽観できる状況だとは思わないけれど、またいつでも相談に乗るので、必要なときはいってくださいね」

出雲　ふむ……。

岸見　このように、誰の課題であるかをきちんと分けたうえで、「いつでも協力する用意がある」という意思表示をしておく。それで、子どもが援助を求めてきたら、できる範囲で協力する。
これが親子関係における「課題の分離」と「協力」です。
職場の人間関係における「課題の分離」と「協力」は、これとは少し違います。

部下の成績が伸びない、部下が失敗ばかりしている。これは、理論的には「部下の課題」です。では、そのような部下を持った上司が、勉強しない子どもの親のように、その問題にまったく口出ししないでいいかというと、そういうわけにはいきません。

子どもが勉強しないことの結末は、子ども一人に降りかかるわけで、それでいいと思います。しかし、職場においては、たった一人の部下の失敗が、会社の運命を変えることがあります。

出雲　はい、そうです。

岸見　個人的な経験ですが、宅配便の誤配送を受けたことがあります。配達員のミスで、わたしに届くはずの荷物が、同じマンションに住む別の人の部屋に届き、その人の荷物がわたしのところに届いてしまった。最終的にはそれぞれが受けとるべき荷物を取り戻したのですが、そこに至るまで一騒動でした。

若い配達員だったので、そんなミスをすることもあるだろうと、わたしは思いました。言葉を換えれば、その事件だけをもって、その運送会社に対する評価を下げるということはありませんでした。

誰もがそう受け止めるとは限りませんね。なかには、そういう配達員が一人いただけで「この運送会社はなっていない。まったくダメな会社だ」と、評価する人がいてもおかしくありません。

出雲　その通りです。

たった一人のミスが、会社を危機に陥れる

岸見　たった一人の部下のミスが、会社の存亡に関わるということも十分にありえるのです。だから、部下が失敗しているときに「部下の課題だから」と放っておいて、上司がまったく口出ししないというわけにはいかない。なんとかして「共同の課題」にしないといけない。

「共同の課題」にするにあたって、結末を待っていてはいけません。明らかに失敗することが予想される部下がいるなら、その結末を部下が体験する前に、なん

とかしないといけません。

出雲　そうです。

岸見　そこで、「このままだと、どうなると思うかね」といわなければならない。今のような仕事ぶりが続くと、どんなことになるかを教えなければならない。アドラー心理学では「論理的結末」といういい方をします。あるいは、「言葉によって、結末を予測するお手伝いをする」といういい方もします。

つまり、部下が実際に失敗する前に、「今のようなあなたの仕事ぶりが続くと、どうなると思いますか」と問い、そのような状況をイメージしてもらう。すると、「また失敗すると思います」という話になり、「では、どうするかね」という話し合いに至る。上司が一方的に「こうなる」というのではなく、一緒に考えるのです。

これが、「共同の課題にする」ということです。

ただ、出雲さんならおわかりと思いますが、このようなことを上司がいうとき、上司と部下の関係が悪ければ、上司の言葉を部下は、自分に対する「皮肉や威嚇、挑戦」としか、受け止められません。たとえ上司が感情的にいったわけではなくても、部下は上司から責められたと思って、いよいよ関係が悪くなるかもしれません。

だから、「共同の課題にする」には、「このままだったら、どうなると思うかね」といったいい方を上司がしても、「皮肉や威嚇、挑戦」だと部下が受け止めないようないい関係を、普段から築けていることが前提として必要なのです。

出雲　なるほど。

岸見　今の話に一つ付け加えるなら、部下が失敗したとき、その失敗の責任は、もちろん部下にあります。宅配便の荷物を間違えて運んだのは、配達員の責任です。しかしながら、上司の責任でもあります。上司にしてみれば認めがたいかもしれませんが、荷物を間違えたのは部下であったとしても、そのような失敗をしないように部下を教育するのが、上司の責任なのです。

出雲　ええ、確かにそうですね。

岸見　だから、部下が無能だとか、失敗ばかりしているからといって、「なぜ、いつもこんなことばかりするのか」と、無邪気に叱ることなどできません。「無能な部下なのだ」と思ってしまったら、そこですべてが終わってしまいます。実のところは「こういう部下にしか育てられなかった自分にも責任がある」ということを認めたうえで、「これから、どうしたらいいか」を上司と部下との「共同の課題」にして話し合う。

そのような話し合いにおいて、叱る必要も、感情的になる必要も、まったくありません。今日はあまり話していませんが、「上司と部下は、対等な関係にある」というのがわたしの考えです。対等な関係のなかで、今後、失敗しないための話し合いをしていくしかないと思います。そういう話し合いができれば、叱る必要も、怒る必要もありません。

SNS時代に企業を率いることの不安

出雲　なるほど、ありがとうございます。

宅配便のお話は、身につまされました。今のこのインターネット社会では、先生のご指摘の通り、たった一人の小さなミスが、ソーシャルメディアを通じて、わっと拡散し、会社の信用、信頼を一気に失墜させてしまいます。

岸見　そうですね。

出雲　その意味では、アドラーの時代より、難しくなっていると思うのです。

岸見　そうでしょう。

出雲　だからこそ、今日、一番ありがたかったのが「論理的結末」、そして「共同の課題にする」というお話です。

わたしはどうも「課題の分離」にこだわりすぎるきらいがあるようです。

しかし、究極の目標は協力することであって、同じ会社でともに働く仲間の課題は、「共同の課題」として認識しなくてはいけないことを、今日、学びました。「共同の課題」と認識したならば、その課題の「論理的結末」を相手に伝えるべきであることも、今日、教わりました。その際に「このままだと、どうなると思うかね」といったいい方をしても、相手が「皮肉や威嚇、挑戦」と受け止めないような、よき人間関係を日ごろから構築することが重要であることも、先生からあらためて学びました。

つまり、今のようなインターネット社会であるからこそ、ともに働く仲間との間に、よき人間関係を構築する必要性が高まっている。

このようなお話が聞けて、今日は本当によかった。

岸見　先ほど「社員への言葉に、怒りの感情がにじんでしまうことがある」とおっしゃっていましたね。少しはすっきりされたでしょうか。

出雲　はい、ありがとうございます。

「ありがとう」に心がこもらない

――出雲社長からはもう一つ、悩みをうかがっていました。「岸見先生の本を読んでから、『ありがとう』をたくさんいうように心掛けているけれど、心がこもらないときがある」ということでした。

岸見　やってみるしかありません。「こんなふうにいっていても、ダメなのではないか」などと思わずに、ぎこちなくても、とりあえず「ありがとう」をいってみる。いい続けて、そこから起きる変化を観察してみることです。

「ありがとう」には、「ありのままのあなたでいい」というメッセージがあります。仕事に関しては「ありのままのあなた」であってはいけないかもしれません。部下が無能なままではダメ、失敗ばかりしているようではダメで、経験を重ね、知識や技能を身につけていかなくてはならないでしょう。

しかし出発点として、あなたがあなたでいることを、わたしは理解しているし、認めているということを、上司から部下に伝える必要があります。それが「ありがとう」です。欠勤せずに出社してくれたなら、それだけでもありがたいことですし、リモートで会議に参加してくれたなら、それもありがたいことです。

――そのような貢献を上司が認めることが、必要なときには部下に少し厳しいようにも思える言葉をかけても大丈夫な関係の土台になる、ということでした。

岸見　くれぐれも気をつけていただきたいのは、そこに操作性があってはいけないということです。

出雲　どういうことでしょう？

岸見　つまり、『ありがとう』をいうと、やる気を出すのではないか」とか「能力が伸びるのではないか」といった気持ちがあってはいけない、ということです。そういった親の気持ちや上司の気持ちを、子どもや部下はすぐに察知します。

出雲　なるほど。

岸見　そういう気持ちを、部下に感じさせてはいけません。部下に今「ありがとう」をいうことと、将来のことは、別の話です。上司がしっかり教育したら、部下は必ず伸びると、信頼するしかありません。

出雲　はい。

上司が有能だと、部下が自立しない

岸見　今日こうしてお話ししてきて、出雲さんにぜひお伝えしたいと思ったことがあります。

「不完全である勇気」です。

今日の対話を受けて、社内のみなに、このようなことをいえるといいと思います。

「リーダーとして、わたしは最近、このようなことを学んだ。頭では本当によくわかったのだけど、実践においてどうしたらいいのか、実はまだわからないのだ。だから一緒に考えてほしい」

そのようなことを、部下の前でいえる勇気を、出雲さんに持ってほしいと思います。

先ほど、経営者としてネット社会に感じる怖さについて、話されていましたね。その思いも、社員に打ち明ける勇気が持てるといいと思います。

「今のこのネット社会では、一人の社員のささやかに思える失敗が、あっという間に拡散して、会社の信用を瞬く間に失墜させる。そのようなことは、今も日々、起こっているし、今後も起こるだろう。しかし、その状況に対して、わたしたちがどうしたらいいのかについて、実はわたしはまだ、明確な答えを持っていない。だから、一緒に考えていきたい」

そのようなスタンスで、部下に相談をもちかけるのです。いかがでしょう？

出雲　はい。

岸見　場合によっては、不完全であるリーダーのほうがいいわけです。そのほうが部下が育ちます。あまりに有能なリーダーだと、部下は安心してしまったり、リーダーに任せてしまったりして、自立しないことがあります。親子関係においても「この親ではダメだ」と思うと、子どもは自立します。そのような親子関係がいいとはいえませんが、親が立派すぎるとそのことがプレッシャーになって、子どもが問題行動を起こすこともあります。

部下が自分の判断で動けるようになるには、上司は自分が不完全であることをもっと率直に打ち明けていい。もっといえば、自分のことをよく見せることばかりを考えている上司ではいけないでしょう。

自分を誇示することばかりを考えている人は、たとえ人に相談しなければならない事態が起きても、相談できないものです。

リーダーには、信頼して相談できる人がそばにいなくてはなりません。出雲さんにとっては、共同創業者の鈴木さんや、福本さんが、そのような存在なのだと思いますが、そういう人を社内全体に広げていかれたらいいと思います。

出雲さんは、わたしの本をよく読んでくださっていますが、それを受けて、例えば、社内でこう話してみてはいかがでしょうか。
「実は最近、こういう本を読んで、自分のリーダーシップのあり方に改善の余地が多々あることに気づいた」……。自分のリーダーシップについて「問題がある」というと勇気が挫かれますから、「改善の余地がある」というのがいいでしょう。「なので、今日からみなさんに接する態度を変えていこうと思います。どうぞよろしくお願いします」と。

こういうことがいえるようになると、随分と関係が変わっていきます。親子関係について相談を受けるときにも、よく助言します。例えば、親から子どもにこう話すのです。「今日、講演を聞いてきて、親子といえども対等の関係であるべきで、叱ったり、ほめたりするのはよくないと学んだ。だから、今日からあなたとの関係を対等に改めていきたい。ついては、よろしくお願いします」と。そうすると、子どもたちが「お父さん、また叱っているよ」と、指摘してくれるようになります。そういう関係がいい関係だと、わたしは思います。

出雲　はい。

上司が少し変われば、部下は大きく変わる

岸見　上司と部下の関係でも、上司が少し態度を変えれば、たとえ不完全な変化であっても、部下は大きく変わりますし、若い人ほど早く変わっていきます。わたしたちの世代は慣れない「ありがとう」をいうたび、顔が引きつってしまうのに、若い人たちはなんのためらいもなく、上司に「ありがとう」をいい始める、というようなことが起きます。

出雲　いやあ……、今の話はうれしいです。実はユーグレナはすでにそうなっているのです！

ほら、この会議アプリの画面に映っている広報の山内と芦田が、今、ニコッとしていたでしょう。

この対談の取材に先立ち、先日、社内で打ち合わせをしたのです。そのときに、岸見先生の本を読んでいた二人が、わたしに指摘してくれるのです。「ほら、

出雲さん、今、ほめていたでしょ！　出雲さん、ほめるんじゃなくて、『ありがとう』でしょっ！」と。

本当に、若い仲間の成長は速い。ありがたいことですよね。素敵です。この対談をチャンスと思って、岸見先生の本を熟読したつもりでいましたが、実践においては二人のほうが、わたしの先を行くのかもしれない。

岸見　そういうものです。一緒に変わっていくというのは、大事なことです。

例えば、夫婦関係のカウンセリングで、夫か妻のどちらか一方だけがカウンセリングに来られ、カウンセリングを受けた一方だけが変わると、取り残されたパートナーとの関係がギクシャクしてしまうことがあります。ついこの間までは、夫が上で妻が下といった「縦の関係」だった。それなのに一方だけが、カウンセリングを通じて「ああ、この関係は全然、対等でなかったのだ」と気づいてしまうと、それまでは縦の関係でそれなりに安定していたものが、ギクシャクしてしまう。

職場でも、一人だけが変わると、同じことが起こりえます。

出雲　だから、わたしと山内、芦田の三人の関係が大事というわけですね。この三人に横の関係があれば、社内に一気に広がっていきます。

岸見　「社長はこんな話を聞いて、『実践する』といっていたよ」と証言する人がいるわけですから。「なのに、していないではないか」と。

出雲　いや、まいりますね。

岸見　今日は、最初から少し期待していたのですよ。若い人が二人、同席されているなと。

出雲　なんと先生、そうでしたか。最高です！　二人もそうですが、わたしは本当に素晴らしい仲間に恵まれたのです。最後に一つ、自慢話をさせてください。

先日、社内のトイレで、清掃員の女性に声をかけられたのです。「あなた、このビルに入っているミドリムシの会社の社長でしょ！」と。威勢のいい口調で、「何か、怒られるのかな」とドキドキしていると、「いやあ、あんたの会社はいいよ！」と、おっしゃるのです。

彼女がいうには、うちの会社はゴミ袋のなかがきれいなのだそうです。すべてのゴミがしっかり分別されて、ペットボトルのキャップは外され、フィルムは剥がされ、お弁当の空き箱は洗ってある。口では経営トップが「環境が大事」といっていても、掃除をしている彼女たちにはその会社のゴミが見えていて、グチャグチャの会社も多いのだそうです。「けれど、あんたのところは違う。いい社員に恵まれたね」と。

これがわたしの目下、最大の自慢話で、この話から、わたしたちの仲間がどんなメンバーなのか、岸見先生にも伝わるのではないかと……。

岸見　はい、よくわかります。

出雲さんは、世界を変えたいと思っているわけですね。この地球を変えていきたいと思っている。アドラーもそうでした。いつも世界を変えたいと思っていた人です。わたしもそうです。そういう考えがない仕事、貢献感が持てないような仕事であれば、何であってもつまらないですね。

出雲　その通りです。そんなわたしの思いに応えるように、素晴らしい仲間たちが集まってくれて、これまでに何度も、いつ会社が潰れてもおかしくない状況を、わたしたちは乗り越えてきたのです。

先生のいう「貢献感のある働き方」は、今の若者たち、これからの若者たちが、アフターコロナの時代に、より強く求めるようになるものであると思います。その意味で、すごくいいタイミングでお目にかかり、対話できたと思います。ありがとうございました。

第3章

カヤックCEO・柳澤大輔さんとの対話

――2020年7月7日の対話

パワハラ組織のほうが案外、強いのではないですか？

柳澤大輔　やなさわ・だいすけ

カヤックCEO
1974年、香港生まれ。慶應義塾大学環境情報学部卒業後、会社勤務をへて、98年、学生時代の友人たちとともに「面白法人カヤック」を設立。鎌倉に本社を構え、オリジナリティのあるコンテンツをWebサイト、スマートフォンアプリ、ソーシャルゲーム市場に発信する。ユニークな人事制度やワークスタイルも発信。著書に『面白法人カヤック会社案内』『鎌倉資本主義』(ともにプレジデント社)、『アイデアは考えるな』(日経BP)、『リビング・シフト 面白法人カヤックが考える未来』(KADOKAWA)、『面白法人カヤック社長日記 2015年-2020年愛蔵版』(Kindle版)などがある。

イラスト：山本重也

柳澤　岸見先生の主張される「民主的なリーダーシップ」は、いわゆる「サーバント・リーダーシップ」などと重なりますよね。僕らも結構、そちら側の会社なので、すごく共感するところが多いですし、リーダーシップについて書かれた本（『ほめるのをやめよう』）を読んだときには、僕らが考えていることを言語化していただいた感じがありました。

――柳澤さんがCEOを務めるカヤックは、一九九八年、柳澤さんと学生時代の友人三人が立ち上げた会社です。ウェブ制作、ウェブサービスを中心に、ゲーム関連事業や地域プロモーションなど、幅広い事業を展開するだけでなく、「面白法人」を自称し、ユニークな組織運営でも注目を集める存在です。有名なのは、例えば「サイコロ給」。毎月、給料日前に全社員がサイコロを振り、出目によって今月の支給総額が決まるという仕組みがあります。二〇一四年、東証マザーズに上場しました。

そんなカヤックのCEOとして、岸見先生の主張する「民主的なリーダーシップ」、ないしは「サーバント・リーダーシップ」には共感する、と。

柳澤　ただ、こちら側のリーダーシップ（民主的なリーダーシップ）が、「勝つ」のかというと、どうなのでしょうか。

パワハラ組織は、意外に強い？

――今の指摘は、「民主的なリーダーシップ」や「サーバント・リーダーシップ」の対極に、上意下達の「強権的リーダーシップ」、ないしは「軍隊式リーダーシップ」みたいなものがあって、互いに競い合っている、といったイメージですね。そして、実のところ、強権的なやり方のほうが強いかもしれないと、柳澤さんは考えている。わたしも実際、業績好調の会社を取材して「これはどうもパワハラ体質ではないか」と感じたりしたこともあります。パワハラ組織というのは、それはそれで意外に強いのではないか、と。

柳澤　僕らは、こっち（民主的なリーダーシップ）のほうが「新しい」という感覚でやっているので、こっちが「強い」か、というと、なんともいえない。

怒ったり、叱ったりして、人を操作し、動かそうというのは、「古臭い」という感覚はあります。じゃあ、そういうやり方が「弱い」のかと思って、世の中を見渡すとそうでもない。だから、「民主的なリーダーシップ」を実践している僕らにしても、こっちが主流になるかといわれるとなんともいえない。

岸見　自分自身が上司から叱られて伸びたと思っているので、「叱るしかない」という考えにとらわれている人が多いと感じます。経営者などにわたしが持論を述べると「とてもついていけない」という反応を示されることは多いです。「その考え方は新しすぎて、わたしにはついていけない」といわれます。

しかし、わたしの考え方の根底にあるアドラー心理学は、それほど新しいものではありません。

アドラーと鈴木大拙、西田幾多郎

柳澤　アドラーというのは、いつごろの人なのですか。

岸見　アドラーは、一八七〇年生まれです。

柳澤　生まれて百五十年ほど。

岸見　鈴木大拙《だいせつ》と西田幾多郎《きたろう》も、アドラーと同じ一八七〇年生まれで、この三人は同い年です。

そう考えると、アドラー心理学とはすごく古い考え方でもないですが、それほど新しいわけでもありません。アドラー心理学は長くマイノリティーでしたが、特に子育ての場面では現在、世界で実践する人が非常に多いです。決して机上の空論ではないという自負が、わたしにはあります。

対人関係という意味では、親子関係もリーダーと部下の関係もまったく同じだと思います。そして、アドラー心理学のおかげで、親子関係がよくなった、対人関係がよくなったという体験をした人が、職場でもアドラー心理学を実践し、モデルを示すことで、少しずつ世界が変わり、どこかの段階でその変化が爆発的なものとなり、主流になる。そういうことが起きるだろうと、わたしは予想しています。

柳澤　なるほど、そうなるのかもしれません。

僕らは経営会議で何か問題が起きたとき、「起きている事象」そのものに焦点を当てないようにしています。むしろ「自らのあり方」を問うというか、その問題によって得た気づきとか、何に恐怖を感じてそのような行動に駆られたのか、という話を中心に議論するのです。

そのような議論は、それ自体が楽しいものです。

岸見　そうですね。

柳澤　何か問題が起きたとき、自分自身のあり方を問うて、気づきを得るのは楽しいことだし、それが「新しい」という感覚と「物事を円滑に進める」感覚があるから、僕らはそうしています。そうすると、例えば、取引先の人にちょっと嫌なことをされたとしても、そこから学びを得て、むしろ感謝できる。そのほうが幸せですよね。

――すみません。カヤックの社内で「何か問題が起きたとき、自分自身のあり

方を問うて、気づきを得る」というのは、具体的にはどういうことでしょうか。経営会議の席での話ですよね。

柳澤　例えば、あるリーダーの下で、メンバーの離職が続いているとします。そういうとき、その問題を引き起こす原因となるリーダーの心理を、深く突いていきます。

そのリーダーはどんな心理から、メンバーを離職に追いこむような行動に駆られているのか。周りからはわりと丸見えで、大抵は恐怖、あるいは不安です。そこに本人が気づき、腹落ちする「アハ体験」があると、同じ問題が繰り返されなくなる……という法則を、僕らは信じているのでしょうね。

本当に正しいかどうかはわかりませんし、万人に起こることかどうかもわかりませんが、僕らの会社では、そういう世界の見方をしている。

同じ問題が続いているかぎり、本人は気づいていないし、変わらない……いや、変わる必要は必ずしもなくて、なんというのかな。変わることが先にあるのではなくて、気づけば勝手に変わる。そういう感覚を、みんなが共有している。

離職者を多く出す部長の問題点

――つまり、「あの部長の下で、部下の社員がよく辞める」といった事象があったとき、経営会議で、その部長に「あなたの下では、よく人が辞めますよね」と話す、ということですか。

柳澤　やめることに悩んでいたら、です。その人が。

岸見　ああ、なるほど。

柳澤　悩んでいるのなら、「なぜ悩んでいるのか」「それは、どこからくる恐怖なのか」といった話をする。悩みだけでなく、怒りもそうです。怒っているなら、「なぜ怒りを感じるのか」という話をする。そうやって感情が動いたときというのが、その人が気づくチャンスです。

――では、ある部長の下で、部下の社員が明らかによく辞める、という事象があっても、その部長が悩んでなければ議題にもならない。

柳澤　僕らの会社には「責任をとる」という概念もないですから。「責任をとる。ごめんなさい」とか、「以後、気をつけます」というのは、ほとんど意味がなくて、「何に気づいたか」が重要なのです。逆に、本人に気づいたことがあって、みんなにシェアすれば、拍手喝采、というか。

――実際に経営会議で拍手喝采が起きる？

柳澤　起きますね。「いい話」ということで。例えば、かなり以前の話ですけれど、こんなことがありました。

僕らの会社は仲間三人でつくった会社で、共同創業者が三人います。そのうちの一人が、なんでも自分で抱えこんじゃうタイプだったのです。けれどあるとき、ふとしたきっかけで「人は、助けを求められたいものなのだな」と気づき、役員会議で「ちょっと助けてください」といった。「今までいったことがなかったけれど、ちょっと助けてください」と。その瞬間、みんなから拍手喝采が起きました。

「ようやく気づいたか！」と。

気づけば、変わる

岸見　そういう気づきまでは、なかなかいかないものですね。

わたしのところにカウンセリングに来られた方はみなさん、わたしの前で「何が問題なのか」を話されます。例えば「子どもが学校に行かなくなった」と。そして、自分ではない何かに原因があるのだろうということで、「学校の問題かもしれない」「社会の問題かもしれない」といった話を延々と続けられる。

しかし、根本的な問題は、相談に来られた親御さん自身にあるのです。

その気づきに至るまでに随分、苦労します。「あの子がこんなふうになったのは一体、誰のせいですかね」といわれて、目の前で話している親御さんを、指さしたい気持ちに駆られることもあります。

そういう方が、実は、自分自身の子どもとの接し方に改善の余地があることに気づかれると、それだけでかなり前進します。柳澤さんがおっしゃるのは、そういうようなことですよね。「変わることも大事だけど、気づきが大事」というのは。

それを認めるのは「負け」ではないし、「弱さ」の表れでもない。それを認められるような雰囲気があるというのは大事なことです。社内のメンバー同士の間に絶大な信頼関係がなければ、なかなか率直に認められるものではありません。「怖い」「助けてほしい」といえるような雰囲気は大切です。

柳澤　起きている問題に焦点を当てたり、犯人探しをしたりするところからは、議論を始めない、ということなのでしょうね。問題が起きているなら、リーダーの自分自身が、議論の最初に「気づかなかった自分が悪かった」と認め、「自分に一体、何ができただろうか？」と問う。そういうところからリーダーが入ると、みんながそういうモードに入りますよ。「あ、自分も何か足りなかったな」と。

リーダーの僕がそうすることで物事が円滑に進む感覚はあって、それは大切にしているし、会社の文化をつくるものだと思っています。

といっても、毎回、ちゃんとできているわけではないけれど。

でも、これって日本特有な感覚である気もします。そして「正義が悪と戦う」といった感覚の人に対して、「自分が悪かった」から入っても、物事は円滑に進まないかもしれない。だから、今の自分のやり方がいいと思っていても、決めつけすぎちゃうのは、よくないのでしょうね。そっちはそっちで楽しいと思ったほうがよくて、相手を徹底的に攻撃するところから入るやり方も、やろうと思えばできる、くらいに柔軟なほうがいいのだと思います。


岸見　深刻にならないことが大事だと、わたしはいつも思っています。

問題は常に起きていて、一つの問題が解決したからといって、それで終わりではなく、また新たな問題が起こります。子育てでも、幼少期の問題が解決したと思ったら、思春期には思春期の問題が起きます。

しかし、そうやって問題が続く状況を、あまり深刻に捉えずに……「楽しむ」という言葉は適切ではないかもしれませんが、問題が発生して、みんなの力でこれから解決していくという状況にやりがいを感じるくらいの余裕があると、随分変わってくると思います。

問題があれば「真剣」に考えるべきで、へらへらと笑っていてはいけませんが、かといって「深刻」に悩んでも仕方ないですし、犯人探しには意味がありません。大事なのは「これから何ができるか」を考えることです。リーダーといえども、完全な答えを持っているわけではないので、アドラーのいう「不完全である勇気」を持つ。すると、ほかの人も「ああ、正解を持っていなくていいのだ」と思い、率直なやりとりができるようになるでしょう。

競争を学ばなかった子どもはどうなるか？

柳澤 ええ、そうですね。

ちょっと話は変わるのですが、岸見先生は競争を否定しますよね。ただ、僕は子育てをしていて、「競争をまったく学ばなかった子どもはどうなってしまうのだろう？」と、感じたことがあります。

僕には娘と息子がいて、二人とももう大学生ですが、昔、通っていた鎌倉の幼稚園が、徹底して子どもたちに競争させない方針だったのです。運動会でも、順位をつけたりしない。
その幼稚園を卒業したお姉ちゃん（娘）が小学校に入ってから、運動会がありました。徒競走が始まると、うちのお姉ちゃんはニコニコと笑いながら、みんなの応援を受けてのんびり走っています。けれど、どこかで「あれっ？」と思ったようでした。「これって、一位になることを求められている競技なのかな？」と気づいたようで、そこから全力で走り出し、一位でゴールしました。一方、同じ幼稚園を卒業した弟（息子）のほうは、最後までニコニコとマイペースで、全力で走らないまま、最初の運動会が終わりました。
それを見ていて僕は、幼稚園児に競争を教えないでいると、こういうことになるのかと思ったのです。

――それでいいのでしょうか。

岸見　今の話で思い出したのですが、わたしの息子が通っていた保育園で、子どもたちが竹馬のレースをしたことがありました。保護者が見守るなかでの競争です。
息子は当時、竹馬に乗れませんでした。どうするのかと思って見ていましたが、保育士さんの手を借りながらゴールに到達することができました。

一方で、スタートするや竹馬でスタスタと走り出し、トップに立った女の子がいました。しかし、すぐに後続の子どもに追い越されてしまいました。すると途端に、競争から離脱してしまいました。

竹馬レースが競争であることは間違いありませんが、一位になれないと思った途端、競争をやめてしまうのは問題です。保育園すら、競争社会になっているのです。

仕事であれば、結果を出さなくてはなりません。しかし、競争に意識が向いてしまうと、結果さえ出せればいいと思ったり、それがかなわないとなると、そもそも仕事に取り組むことすら放棄してしまったりします。二位になったら、競争をやめてしまった子どものように。そうなれば、生産性は下がりますね。

柳澤さんの会社は、社員のモチベーションをうまく上げている印象を受けます。それは競争原理によるものではないと思います。

柳澤　違いますね。勝利を目指すのでなく、競争を楽しむというか、プロセスを楽しむ。先ほど話したように、気づきを楽しもう、ということです。

岸見先生の説く「民主的なリーダーシップ」に、僕は共感します。けれど、リーダーの条件を「勝利に導く人」と捉えてしまうと、こちらが主流になるのは難しい気がします。

「働きがない高収益企業」が、あっていいのか？

——柳澤さんはそもそも、勝利を一番に目指しているわけでもないですし。

柳澤　「勝利」にこだわるなら、民主的でないリーダーシップも、それはそれで成果を出しそうな気がします。

——「パワハラ組織は意外に強いかもしれない」ということですか。

岸見　しかし、仕事そのものが楽しくなければ、そもそもやる気が出ませんね。

柳澤　そうですね。

――例えば、高収益であっても、社員が不幸だったり、働きがいを感じていなかったりするような会社をどう評価するか。もしも働きがいを優先するなら、許されないということになります。

岸見　柳澤さんの会社は、そこを意識されているところが面白いと、ご著書を何冊か読んで思いました。競争に勝つかどうかの前に、仕事そのものを楽しめないといけないことを、柳澤さんは意識されている。

「鞭を持つ教師」は消えた

柳澤　そのあたりの意識は、百年、二百年の単位で見ると、緩やかに変化しているのでしょうか。アドラーさんは、生きていれば百五十歳でしたよね。

岸見　アドラーの時代は、教育者が子どもを鞭《むち》で叩いていたような時代ですから。

柳澤　なるほど、変わったわけですね。今の時代、さすがに鞭を持つ先生は見かけません。

岸見　そんな時代に、アドラーは民主的な教育理念に到達しました。今の時代においては当たり前にも思えるけれど、当時の常識ではまったく考えられなかったことを考え、主張しました。その意味において天才だと思います。

柳澤　では、競争を否定する考え方も、今は支持されにくいかもしれないけれど、これから変わっていく。それに伴い、リーダーシップのあり方も変わっていく、ということなのですか。

岸見　わたしは生産性という言葉も、あまり好きではありません。でも、競争のなかで強いられて仕事をするより、自発的に仕事をするほうが、広義の生産性は上がるでしょう。いわれたことだけをやって、自分では何も判断しないような働き方では、生産性は上がらないと思います。

柳澤　いわれた通りにやるという仕事は、なんとなくＡＩ（人工知能）に取って代わられそうというか……。

岸見　その通りです。

柳澤　ＡＩにかなわなくなるから、人間にしかできないことをやろうとなったとき、創造性が求められ、リーダーシップも変わってくる。その可能性はありますね。

岸見　創造性というのは、長時間、がむしゃらに頑張ったから発揮できるというものではないですね。周囲の人には働いているとは見えない人が、秀逸なアイデアを出すことはよくあります。遊んでいるのか、仕事をしているのか、外から見てわからないような働き方が理想的だと、わたしは思います。

柳澤　そうですね。

――カヤックの社内にはそれこそ、遊んでいるのか、仕事をしているのか、はた目にはよくわからない人がたくさんいます。

「ユニークな組織をつくる」ために、業種を選んだ

柳澤　カヤックは、そもそも職種が絞られていて、クリエーターかエンジニアでほぼすべてですから。

クリエーターやエンジニアというのは、息を吸うようにアイデアを考え、形にしていくものです。だから、そういう〝体つき〟の人たちを採用しているし、最初からそういう構造の組織にしようと意図していたところがあります。

そこは鶏と卵のような関係ですが、僕たちは最初に「主体性のある組織をつくろう」と考えて、会社をつくりましたから。「仕事が好きで、仕事が遊びになっているような人たちの集団になったら、特別な仕組みや制度がなくても、主体性のある組織になるだろう」というところから、会社が始まっています。

岸見　面白いですね。

――カヤックはウェブ制作やウェブサービスを主力事業としていますが、それはウェブの仕事を特にしたかったわけでなく、主体性のある組織をつくりたいなら、ウェブの仕事がいいという経営判断だった、ということですか。

柳澤　僕たちの場合、そもそも「面白法人」という言葉が最初に生まれていますから。

一九九八年にカヤックを合資会社として設立したときは、どんな事業をするかは決めていませんでした。ただ、学生時代の友人三人が集まって、「この仲間で面白い会社をつくろう」ということだけ約束しました。そこからあみだくじを引いて、起業するまでにそれぞれが何をするかを決めました。あみだくじの結果、僕は会社員として経験を積み、残りの二人のうち一人は、大学院に進んで、もう一人は海外を放浪することになりました。そして二年後にまた集まり、約束通りに起業しました。

「何をするか」より前に「誰とするか」があり、ユニークな組織をつくりたいという思いが先にあって、クリエーターとエンジニアばかりの会社になったのです。

ちょっと話を戻していいですか。「叱って従わせる」といった話に戻りたいのですが。

——どうぞ。

「家族型組織」の可能性と限界

柳澤　スポーツの世界だと、すごく怖い、スパルタ式の監督がたくさんいますよね。僕が子どものころ、少年サッカーの監督というと、殴るか怒鳴るか、やじっている。そんなイメージでした。でも今はパワハラはダメといった流れもあって、そうでない監督もいます。

では、スパルタの監督とアンチ・スパルタの監督がフルパワーで戦ったとき、スポーツの世界ではどちらが勝つのでしょうね。

岸見　スパルタ式には、即効性があります。それに対してアドラーが提唱するような、自発性を重んじる教育やリーダーシップは時間と手間がかかります。叱って怖がらせたり、競争させて追いこんだりするほうが、成果を上げるまでの時間は短いかもしれません。しかし、長い目で見たときには強いチームになりません。

スパルタ式でも上位まで食いこめることがありますが、最後の最後は、なかなか勝ち切れないというのが現実ではないかと思います。日本の競技スポーツの歴史を振り返っても感じます。「金メダルをとれ！」と強いられれば、プレーをしていても楽しくないですし、負ければ謝らなければならないことになると、古くは円谷幸吉選手のような悲劇が起こりかねません。

柳澤さんが書かれていたティール組織の話でいえば、スパルタ式の監督が率いるのは「軍隊組織」か、もう少し進んだとしても「家族型組織」ですね。

――二〇一八年に邦訳された『ティール組織』（フレデリック・ラルー著、鈴木立哉訳／英治出版）は、経営者などの間で話題になった書籍です。柳澤さんのブログには、その内容が持論を交えながら簡潔にまとめられています。その一部を抜粋して引用します。

著者は、組織（会社）も時代によって進化すると主張しています。その進化形態を5段階で表現しています。

(1) 狼型組織
(2) 軍隊型組織
(3) 機能型組織
(4) 家族型組織
(5) ティール組織

……つまり、この本をものすごく端的に紹介するなら、「組織にも進化形態がある」「進化にいち早く対応した組織が次の時代の担い手になる」ということでしょうか。これはなかなか見過ごせない主張だなと思いますし、その仮説に経営者の注目が集まっているのではないかと思います。

……まとめてみて思ったのは、必ずしもティール組織が、今までの組織に比べて進化した組織でもないような気がしています。……結局は、この形態が好きかどうか、好んで選択したいかどうかというもののように思えるのです。

岸見 スポーツの監督と「家族型組織」という文脈でいうと、甲子園に出場するチームの監督がよく、選手のことを「子どもたち」と呼びますね。高校生を「子どもたち」と呼ぶのはおかしいと思います。せめて「生徒たち」でしょう。「子どもたち」と呼ぶのは、親子関係をモデルにした組織が形成されているからです。しかし、そのような組織も、やはり弱いのではないかとわたしは思っています。

GDPを追う資本主義は限界に来ている

柳澤 なるほど。

なぜ僕が今、スポーツの話を選んだのかというと、スポーツとはある種のゲームで、「勝つ」ことが一番、気持ちいいし、「勝つ」ことに対して、みんなが燃えているからです。だから、叱るのでは「勝てない」となれば、みんながあっさり叱るのをやめて、ほめるほうに流れるといった傾向があると思います。

つまり、スポーツの世界ならば、民主的なリーダーシップと強権的なリーダーシップの勝敗もつきやすい。

会社の場合は、スポーツでいうところの「勝敗」に当たるのは、「売り上げ・利益」です。その結果として、GDP（国内総生産）を伸ばしていく。

しかし、GDPという単一の指標を追う資本主義の限界は明らかです。地球環境が汚染され、富の格差が拡大しているのは、国がGDPばかりを追い、企業が売り上げや利益ばかりを目指すからだと、多くの人が気づき始めています。

つまり、スポーツと違って会社では、売り上げ・利益という目標自体がぐらぐらと揺れてしまっているのが現状だと思います。

岸見　その通りです。

――売り上げ・利益を指標とした競争においては、もしかしたら強権的なリーダーシップのほうが強いのかもしれない。しかし、売り上げ・利益だけを指標とした競争でいいのかという論点が、会社組織の場合にはある。シンプルに勝利を目指すスポーツとは、その点において違うのかもしれない。

柳澤　ちなみに岸見先生、こういうのはどう思いますか。

わたしの友人に、親から罵詈《ばり》雑言を浴びて育った人がいます。その人が会社で働くようになってから、ひどいパワハラ上司に当たってしまいました。しかし、同僚たちがどんどん病んでしまうなかで、その人だけは、「こんなのは親父《おやじ》に比べれば全然ラクだ」と思って、病まずに済んだというのです。

叱られずに育っていいのか？

岸見　叱られるのに慣れていなければ、社会に出ていけないので、子どものころから叱っておかないといけないという人は多くいます。

柳澤　まったく叱られないで育つというのもどうか、ということですね。

岸見　叱られ慣れておかなければならないという考えは、わたしは間違いだと考えています。叱られて育った人が「わたしは叱られて育ったからよかった」と思うようではいけません。むしろ、「ああいうやり方はいけない。自分はしない」と思わなければ、パワハラに歯止めをかけることはできません。
親が子どもに対等に接して育てれば、その子どもは大人になってからパワハラに遭っても、病むことはありません。そういう人は、「この上司はわたしに罵詈雑言を吐くけれど、所詮、そういう人なのだ」と、余裕を持って冷静に上司を見ることができるからです。

柳澤　絶対的な自信があるわけですね。

――逆に、上司から罵詈雑言を浴びて病んでしまうような人の弱さとは、何が原因なのでしょうか。

岸見　それを「弱さ」と呼ぶのは違います。

――それでは、暴言を受け続けたときに、耐えられる人と耐えられない人がいるのを、どう説明すればいいのでしょう。その違いは何なのでしょう。

岸見　暴言を吐く人がなぜそうするのかがわかっているかどうかです。親に民主的に育てられた子どもは、暴言を吐く人の心理がわかるので、病むことがありません。

パワハラに耐えられる人は「メタ認知」が強い

柳澤　パワハラ上司のことも、客観的に見られるというわけですね。メタ認知が発達している。

岸見　そうです。パワハラをするような人の心理を、アドラーは「価値低減傾向」という言葉で説明しています。

自分の価値を高めるための努力をしないで、他の人の価値を下げることによって、自分の価値を相対的に上げようとする。これを価値低減傾向といいます。

価値低減傾向がある人たちは、アドラーがいう「第一の戦場」、すなわち本来の仕事の場では、自分が有能ではないことを知っています。だから、部下を「第二の戦場」に引っ張り出してきます。中学生が、体育館の裏に友だちを呼び出して、脅すようなものです。そうやって、本来の仕事とは関係のない「第二の戦場」で、自分が無能であることを見透かされないように、他人を叱るなどして部下の価値を下げ、自分の価値を相対的に上げようとします。

パワハラをするような人たちは、基本的に無能なのです。

親が対等に接して育てれば、子どもは、この事実を理解します。暴言を吐く人は無能な人なのだとわかっているので、そんな人から暴言を受けたところで、心を病むことはありません。

柳澤　なるほど。しかし、いくら民主的に育てられても、若い社員がそこまで高い次元から、理性的に物事を見るのはなかなか難しい気もしますが……。

岸見先生は、「怒る」と「叱る」は区別できるものではなくて、リーダーは、怒るのはもちろん、叱ってもいけないと主張されています。

それでは「義憤」というのは、どうでしょうか。正義感から怒ることにも、ほかの怒りとの区別はないのですか。

岸見　それはあります。「私憤」と「公憤」は、区別しなければなりません。「私憤」とは、「私の憤り」と書く通り、個人的な怒りです。親が子どもを叱るのも、上司が部下を叱るのも私憤です。

他方、「公憤」とは、「公の憤り」です。理屈で考えて「これは絶対におかしい」ということに対する憤りです。今の時代、いくらでもありますね。例えば、会社の不正を隠蔽するように上司が部下に命じたり、嘘をつくことを強要したりするようなことです。そのようなことに部下が怒りを感じたとしたら、その怒りは公憤です。

そういうときこそ、「嫌われる勇気」を持って、怒るべきだということです。正義感に基づく怒りであれば、怒ってもいい。

ただし、公憤であっても、感情的に怒りを爆発させるようでは、物事は解決しません。言葉を用いて、理性的に「それはおかしい」と指摘しなくてはなりません。「義憤」や「公憤」とは、理性的なものなのです。

柳澤　確かにそうですね。しかし、私憤と公憤の違いというのは、外から見ていてもわかりにくいですし、自分でも区別がつきにくいものです。そこで私憤と公憤をすり替えちゃうことも、あるような気がしますね。

怒ってしまったら、「ごめん」という

――柳澤さんでも社員に対して、怒ったり、叱ったりすることはあるのですか。

柳澤　社員に怒る……。ありますよ、あります。
後から振り返って、「怒ってごめん」というケースが多いですね。こうやって思い返してみると、怒っているその瞬間には、私憤なのか公憤なのかは、自分でもなかなかわかりません。今の自分のこの怒りが、私憤なのか公憤なのかを、怒りの最中にあって正しく判断するのは、難しい。

岸見　トレーニングが必要です。
トレーニングといっても、怒りを抑えることではありません。怒ってしまった

とき、自分は「この人に何を本当に伝えたかったのか」「何をしてほしかったのか」を、突き詰めて考えていくことです。すると実は、怒りという感情を用いるより有効な方法があるということに気づきます。感情をぶつければ、お互いに不愉快な思いをします。感情ではなく、理性的な言葉で伝えることを学べば、怒りは必要でなくなります。以前ほどには怒らなくなった自分に気づくのに、それほど時間はかかりません。

わたしがトレーニングといったのは、怒りに代わる方法を使うということです。怒りに代わる方法を学べば、怒りそのものを抑えるのと違って、怒る必要がなくなります。

そんなトレーニングの最初のステップは、怒りの感情が起きたとき、「わたしは今、怒りの感情を持った」ということを言葉で伝えてみることです。

わたしの息子が幼いころ、笑いながら「イライイラ……」といっていたことがありました。彼はそのとき、わたしに対して、「今のあなたの言葉に、わたしはいらついた」ということを伝えたかったのです。「いらついた」ということが伝わればいいのであって、伝えるときに実際にイライラする必要はないことを、彼は知っていました。だから、笑いながらいったのです。

上司が部下に怒りを感じたときも、「今のあなたのいい方に、わたしは腹が立った」とか「傷ついた」と、言葉で伝えてみてはどうでしょう。感情を伝えるのに言葉を用いるのは、怒りの感情から自由になる一歩手前のトレーニングとして有効です。

柳澤さんが、怒ったことに気づいた後に、社員に謝っているというのは大事なことです。怒りを感じたら感情を爆発させるのが当然と思っていた人が、それではいけないと気づき、感情を爆発させた自分を省みて謝れるようになったとすれば、大きな前進です。そのような言葉を交わせる上司と部下は、よい関係だといえます。

柳澤　謝るのが苦手な人というのはいるものですが、あれは何に起因するものでしょう。

岸見　謝ったら負けることになると思っているのです。

柳澤　謝るのが苦手なのは、勝ち負けにこだわりすぎているということですか。

仕事の関係ならば負けてもいい

岸見　そうです。勝ち負けにこだわって謝れない人というのは、自分にしか関心がありません。アドラーのいう「共同体感覚」が欠如しています。

仕事の関係ならば負けてもいいのです。組織や共同体に貢献するのが仕事の目的であり、その目的が達成されるならば、自分が負けてもいい。逆に目的の達成に失敗したら、謝るしかありません。でもプライドが高く、自分にしか関心のない人は、自分の失敗を認めて謝るのを嫌がります。自分が負けたと感じるからです。そのような人の存在は、組織や共同体にとってマイナスでしかありません。

柳澤　僕の認識では、「自分が悪いと思ったら謝る」という人は、基本的に謝らない人です。そういう人は、そもそも自分が悪いとは思っていませんから。

岸見　その通りだと思います。

柳澤　自分が悪いと思っていなくても、謝ってしまうくらいの人のほうが、楽なのかもしれませんね。

岸見　リーダーがまず、そのようなモデルにならなくてはなりません。部下に最初から「謝れるようになれ」と求めるのは無理な話です。だから、リーダーが最初に謝る。そして、うまくいかないときには、撤退する勇気を見せたい。

撤退とは、自分の判断の誤りを認めることであり、リーダーにそれができれば、職場の雰囲気は随分、変わってくると思います。日本人はこれが苦手で、哲学者の鶴見俊輔は「サムライ的正義感」と表現しましたが、一度始めたらやめられず、徹底的にやらないと気が済まない。日本人の悪いクセです。

――先ほど、絶対的な自信の話をしました。パワハラに遭っても心を病まない人とは、絶対的な自信を持っている人だと。しかし、「自分は絶対に正しい」といつも思っている人が、うまくいくわけもないのであって、絶対的な自信と、間違いを認めて撤退する勇気が同居している人でないといけない。

岸見　そうですね。

柳澤　つまり、自信はあるけれど、自分が見えている世界がすべてではないことも知っている。自分を信じてはいるけれど、それとは別に、ほかの人が正しいということも認められる。

――相反するようにも思える、その二つの要素をバランスよく併せ持つことが、部下にも上司にも、求められるのですね。

柳澤　そのあたりの感覚は、どうやって養っていけばいいのでしょう。

岸見　コロナ禍の今は特にそうですが、リーダーになれば、前代未聞の事態に多く見舞われます。前例を参照して「こうすればいい」といっているのでは済みません。

　前例にないことをやっていかないといけない。そうなれば間違うことも当然あります。そうであってもリーダーには、確信を持って「こうしよう！」といい切ることが求められます。でも、確信を持って断言すると同時に、自分が間違うことを知っていなくてはならない。その辺のさじ加減は、確かに非常に難しいです。

柳澤　なるほど、よくわかります。

「すごい！」のハードルを下げる

――ところで、柳澤さんは、社員をほめるタイプのリーダーですか。

岸見　興味深い質問です。

――怒ることについては、つい感情が出てしまうこともあるとうかがいましたが、ほめるほうは、どうなのでしょうか。

柳澤　多分、あまりほめないほうだと思いますが……。「ほめない」というのはちょっと違いますね。すごいと思っていないのに「すごい！」といったり、ほめて自分が望む方向に人を動かそうとしたりすることは、なんとなく苦手です。

　自覚はないですが、若いころに「柳澤さんは意外に人をほめないのですね」といわれたことがあります。自分が思う以上に理想が高いのかもしれません。

　世の中にはおそらく、積極的にほめるマネジメントをしている経営者も結構いて、そういう人たちと比較すると、ほめないタイプに見えるのでしょう。

　僕自身は、ほめることそのものについては、特にいいとも悪いとも思っていませんが、ほめることで自分の望む方向に人を動かそうとするのは苦手です。

　ただ、すごいと思ったときには、素直に「すごい！」といいます。すごいと思っていないのに「すごい！」ということはないですが、すごいと感じるハードルはかなり低い。といっても、これは客観的な話ではなく、自分としてはそう思っているというだけの話ですが。

岸見　「すごい」のハードルが低いのは、いいことです。

柳澤　価値観の尺度を広げれば、「すごい」と思う場面は増えます。ある一つの価値観だけで「すごい」と評価するのではなく、あらゆる価値観を、ある程度、面白いと認めれば、「すごい」のハードルは低くなりますし、面白法人カヤックはそういう方向性を志向する組織です。

――あらゆる価値観を認める組織を目指している、ということですね。例えば、カヤックの人事評価や報酬の制度などは、象徴的かもしれません。

柳澤　カヤックの社員の報酬は三つの要素から決まります。「上司の評価」と「社員の相互評価」、そして「運」です。

――「運」で決まる報酬とは、「サイコロ給」ですね。毎月、給料日前に全社員がサイコロを振り、「月給×（サイコロの出目）％」が、報酬にプラスされるという仕組みです。

柳澤　この仕組みの背景には、「人が人を評価する以上、完璧に公平な評価制度をつくるということは難しい。人ではなく、天が采配する要素があってもいいのではないか」という思いがあります。

何であってもいいから、何かに突出していれば「すごい！」となるのが、カヤックの組織文化です。「すごい！」のハードルは低いものの、何かに突出していなければまったく認められないので、いわゆる「普通」の人には、厳しい組織かもしれません。

承認欲求が低い人を採用する

岸見　しかし、柳澤さんが「すごい！」といったとき、柳澤さんがどう思っていたかとは別に、相手が「ほめられた」と受け止めてしまうと問題が起きることがあります。

例えば、幼い子どもが初めて立ち上がったのを見て、親が「すごい！」といったとき、親にほめたつもりはなくても、その子どもが「ほめられた」と受け止めて、プレッシャーに感じる可能性はあります。つまり、「今の『すごい！』は叱《しっ》叱咤《た》激励で、『次は歩け！』という意味ではないか」と捉えた子どもは、そんな親の期待に応えるべく、早く歩けるようになろうと必死になるかもしれませんが、親の期待に応えられないと思ったら挑戦しなくなるかもしれない、ということです。

柳澤　確かにそうですね。

岸見　だから、「すごい！」といった後に、可能であれば、相手からフィードバックを得たい。「今の自分のいい方を、相手はどう受け止めたのか」を確認することが必要です。

面倒だと思う人がいるかもしれませんが、「今、わたしはあなたに思わず『すごい』といってしまったけれど、その言葉を、あなたはどう感じましたか」と問いかける。毎回でなくても、ときにはそんな確認をする余裕を、リーダーである人たちに持ってほしい。そうしないと独りよがりになってしまいます。

「すごい」と思っていないのに「すごい」というのも、「すごい」といえば部下が成長してくれるかもしれないと期待していうのも、部下を操作しようとすることであり、上司が部下を対等とは見ていないことの証左です。上司と部下の関係であろうと、そのほかの人間関係であろうと関係なく、わたしが「ほめてはいけない」と主張するのは、そういうことです。

柳澤 その文脈でいえば、僕らの場合、そもそも承認欲求が少なめの人を採用するようにしています。

岸見 大事なことです。

柳澤 「承認欲求」という表現が的確かどうかはわかりませんが、周囲の人に認められようと必死になってしまう人は避けるようにしています。どちらかというと、周りを助けようという気持ちが強い人が多い組織なので。

岸見 承認欲求が強い人と付き合うと大変です。いちいち「承認」することを求められますから。周りの人が自分を認めようが、認めまいが関係なく、自分の仕事を成し遂げられれば満足だという、自足しているタイプのほうが付き合いやすいものです。

柳澤　両者の違いは、「ゼロイチ」「ゼロヒャク」ではっきりと分けられるほど、はっきりしていません。傾向として、承認欲求が多めか、少なめかという問題です。

岸見　けれど、柳澤さんは、その違いを採用のときに見極めようとされている。「何をやるか」より「誰とやるか」を大事にしていると著書に書かれていましたが、その話とつながる気がします。ほめられないと仕事をしない人というのは現実にいて、なかなか厄介です。

腹が立ったら「ありがとう」

柳澤　ほめてほしいという人がいるなら、ほめればいい。僕はそう考えています。

岸見　いえ、今の柳澤さんの「ほめる」という言葉は、わたしの表現に置き換えると

「貢献に注目して、言葉をかける」ということであって、上からの視点で「ほめる」のとは違うのではありませんか。

柳澤 ああ、なるほど。

岸見 貢献に注目した声がけというのは、ほめ言葉とは違って大事です。例えば「ありがとう」です。「ありがとう」という言葉は、柳澤さんも大事にされていますね。

しかし、「ありがとう」ですら、下心があって上司が使うと、部下は「自分を承認してくれる、ほめ言葉」だと受けとり、「ありがとう」をいってもらえないと仕事をしない、ということになります。

ほめられないと仕事をしない人も、「ありがとう」をいわれないと仕事をしない人も困ります。だから、「ありがとう」がほめ言葉のように受けとられていないかということについても、相手に確かめていく必要があります。

柳澤 僕の場合は、「ありがとう」という言葉を、自分のためにいっているところがあるかもしれません。「ありがとう」をいうと、相手が気持ちよくなるからではなくて、自分が進化するからいう、という感じです。腹が立つ相手であっても「この人はこれでいいのだ」と認める。そういう気持ちをこめて「ありがとう」をいう。そういう方向に自分自身を向けていくための言葉として、使っている気がします。

岸見　なるほど。とんでもない人と付き合ったときでも、そこには学びがあり、だから「ありがとう」なのですね、きっと。部下の失敗も、自分の学びのチャンスになりますから、「ありがとう」ですね。自分の教育のどこに問題があったかを知るチャンスだということです。そういう言葉の使い方はいいですね。

「リーダーらしくないリーダー」の時代がきた

柳澤　僕は二十年以上、経営を仕事にしてきたわけで、リーダーといえばリーダーですが、いわゆる「リーダーっぽい人間」じゃないまま、リーダーをやってきた感覚があります。小学校や中学校、高校で、部活の部長や学級委員、生徒会長になるような、いかにもリーダータイプの人っていますよね。僕はそういうタイプではない。

けれど、岸見先生の本を読むと、社会の変化に合わせてリーダー像のほうが変わり、僕らのほうに近づいてきたようにも思えます。いかにもリーダーらしい人がリーダーになったのは過去のことで、これからは僕も含めて、リーダーっぽくない人がリーダーになるべき時代である。岸見先生の主張のなかにはそんなリーダー像の変化というのが一貫してあるように感じます。

しかし、その変化を証明できるかというと……。僕のなかには変化している感覚は確かにあるのですが、客観的に証明できるかというと、ちょっとよくわからない。

岸見　先ほど、柳澤さんと「ティール組織」の話をしましたね。組織の進化形態は五段階あって、最も進化した形態が、ヒエラルキーの概念がまったくないティール組織である。しかし、今の日本企業は先進的なところでも、ティール組織より一段階前の「家族型組織」にとどまっている。ヒエラルキーのまったくない

「ティール組織」という概念は比較的新しいものですが、百五十年前に生まれたアドラーが目指したところと一致していると思います。

リーダーというと、これまでは存在感があって、「強い人」「偉い人」というイメージを持つ人が多かったと思います。でも組織が進化していけば、そんなリーダー像も変化していくでしょう。

リーダーに存在感は要らない

柳澤　リーダーに求められる資質が変わっていくかもしれない。

岸見　プラトンは「政治家になりたいと思って政治家になるような人は困る」という趣旨のことをいっています。自分からなりたいというのではなく、周囲から請われて政治家になるような人が、いい政治家なのである、ということです。

リーダーも同じだと思います。リーダーの責任は重いですが、だからといってカリスマ性や存在感が必要なわけでなく、むしろリーダーは存在感がないほうがいい。
リーダーがいなくては組織が「うまく回らない」のが現実であったとしても、リーダーがいなくては「まったく回らない」組織をつくってしまっては、リーダーとして失格でしょう。自分がいなくても回る組織をつくろうとするのが理想的なリーダーで、そのようなリーダーに存在感は必要ないはずです。
柳澤さんは、そのようなリーダーであるでしょうか。

柳澤　どうでしょう。考え方としては近いと思いますが……。

岸見　わたしはリーダー像の変化は必然であると感じているけれど、現実にそのような変化が進んでいるのか、あるいはこれから進んでいくのか、確信が持てないということでしょうか。

柳澤　岸見先生が主張するような民主的なリーダーシップと、従来型のカリスマ的なリーダーシップの二者択一ならば、僕は民主的なリーダーシップの側にいると思います。ただ、今の僕は、こっちのスタイルが「好き」だから、こっちを選んでいるというスタンスです。
　そうではなくて、こっちのスタイルが「本当は強い」からとか、「主流になる」からといった理由で、こちらを選んでいると表明できるなら、民主的なリーダーシップに賛同し、振り向く人が、今よりもっと増えるでしょう。ただ、そういい切れるのかが、僕にはわからない。
　とはいえ、どっちが強いかとは別に「みんながリーダーになれるように、リーダー教育をすべき」ということは、もっと主張していい気がします。これからの社会のために。

岸見　何しろ、柳澤さんの会社には、「ぜんいん社長合宿」があるくらいですから。

――「ぜんいん社長合宿」について、カヤックのサイトから引用しますね。

ぜんいん社長合宿（年2回）

全社員が参加して会社のことを真剣に考える。

年に2回、エンジニアもデザイナーもディレクターも全社員が業務から離れて、カヤックの社長になったつもりで会社のことを考えるための合宿を実施しています。カヤックの制度や今後のビジョンのことについて、チームに分かれてブレストを行い、アイデアを出し合います。合宿の最後にはチームごとに発表し、よかった企画は実施するというボーナスも。

カヤックが重視する経営理念。毎日の業務の中で常に考えることはなかなかできないもの。せめて年に2回、真剣に見つめ直してみる場がこの合宿です。

世界は螺旋的に発展する

岸見　このコロナ禍の影響もあって、世の中はどんどん変わっていくでしょう。一方で、揺り戻しもあるはずです。

柳澤さんが、著書に引用されていたヘーゲルの言葉を思い出します。

「世界は螺旋《らせん》的に発展する」――例えば、コロナ禍が終わってしまえば、多くの人がリモートワークなどやめて、以前と同じように、毎日、出社するようになるのかもしれません。しかし、それは過去とまったく同じ場所に戻ったことを意味しません。リモートワークの経験は残ります。

わたしたちの社会の変化は振り子のようなものです。一度極端に走った後、また逆の極端に走ることを繰り返しながらやがて、あるべき位置に収まっていく。ヘーゲルの「正・反・合」の弁証法のようなものです。リーダーシップのあり方もそうで、変わらないように見えて、実は確実に変化しつつある。わたしはそう思っています。

柳澤　よくわかります。今の言葉で、何か議論が締まった気がします。ありがとうございました。今日はオンラインでしたが、リアルでお目にかかれる日を楽しみにしています。

岸見　ええ、ぜひ。

アドラー心理学と哲学、経営学の交点

「先生」は、「生産性」「生産的」という言葉に対して、否定的です。

しかし、企業を経営する立場にあれば、生産性に対して無関心ではいられません。

「組織の生産性と個人の幸福は両立するのではないか」

第二部で先生と対話した起業家からは、こんな問題提起もなされました。

起業家三人との対話を終えた後、わたしは先生とあらためて「生産性」について考える機会を得ました。そこでの考察を、ここに書きとめておきたいと思います。

哲学者であり、アドラー心理学を研究した先生の主張するリーダー論には、近年、経営学の世界で台頭している考え方と重なる部分が多くあります。

例えば、リーダーにカリスマ性が不要であることを経営学者の立場から明らかにしたのは、ジム・コリンズです。

コリンズが一九九四年、ジェリー・ポラスとの共著として刊行した『ビジョナリー・カンパニー』(山岡洋一訳/日経BP)は、「真に卓越した企業(ビジョナリー・カンパニー)」と、そこまでの領域には達しなかった一般的な「優良企業」との違いを、六年にわたる調査プロジェクトで明らかにしたベストセラーです。

この本のなかで、コリンズらは、永続するビジョナリー・カンパニーをつくったリーダーたちは「カリスマ的指導者ではなかった」という事実を、次のような印象的な言葉遣いで提示しています。

「すばらしいアイデアを持っていたり、すばらしいビジョンを持ったカリスマ的指導者であるのは、『時を告げること』であり、ひとりの指導者の時代をはるかに超えて、いくつもの商品のライフサイクルを通じて繁栄し続ける会社を築くのは、『時計をつくること』である」

つまり、本当に優れたリーダーとは、時を告げるリーダーではなく、時計をつくるリーダーであり、それはカリスマ的指導者ではない、ということです。

コリンズはさらに、二〇〇一年刊行の『ビジョナリー・カンパニー2』（山岡洋一訳／日経BP）において、ビジョナリー・カンパニーを築いたような「第五水準の経営者」とは、「個人としての極端なほどの謙虚さと職業人としての意思の強さをあわせもつ指導者だ」としました。「よきリーダーにカリスマ性はいらない」という、「先生」の主張は、このような経営学の研究結果とも重なります。

ほかにも、本書冒頭に記した通り、「サーバント・リーダーシップ」や「エンパワーメント」、「心理的安全性」といった概念も、先生の考え方と重なります。

「サーバント・リーダーシップ」は、ロバート・グリーンリーフが一九六九年に提唱した概念で、一般に「召使い」と訳される「サーバント」の役割と、チームを率いる「リーダー」の役割を、一人の人間が併せ持つことを含意します。

経営学者であり、コンサルタントでもあるケン・ブランチャードが、エンパワーメント組織を広める活動を推進したのは一九八〇年代半ば以降。ブランチャードの著書『社員の力で最高のチームをつくる』（共著、御立英史訳／ダイヤモンド社）によると、エンパワーメントとは、「自律した社員が自らの力で仕事を進めていける環境をつくろうとする取り組み」です。

心理的安全性は対等の人間関係を求める

「心理的安全性」は、組織行動学を研究するエイミー・エドモンドソンが一九九九年に提唱した概念です。

エドモンドソンは自著のなかで、心理的安全性とは「みんなが気兼ねなく意見を述べることができ、自分らしくいられる文化」のことだと定義しています。

心理的安全性が確保されることのよさを、エドモンドソンはこう記しています。

「職場に心理的安全性があれば皆、恥ずかしい思いをするんじゃないか、仕返しされるんじゃないかといった不安なしに、懸念や間違いを話すことができる」

「職場環境にかなりの心理的安全性がある場合、いいことが起きる。まず、ミスが迅速に報告され、すぐさま修正が行われる。グループや部署を超えた団結が可能になり、驚くようなイノベーションにつながるかもしれない斬新なアイデアが共有される。つまり、複雑かつ絶えず変化する環境で活動する組織において、心理的安全性は価値創造の源として絶対に欠かせないものなのである」(『恐れのない組織』野津智子訳/英治出版)

このような心理的安全性のある組織は、「先生」の考える理想的なリーダーシップが発揮されているチームの姿と重なります。

対等の関係に立つリーダーとメンバーが、どちらかが他方を威圧したりすることなく、率直に意見を言い合えるのが、心理的安全性がある組織です。そのような関係が成り立つ職場であれば、そこで働く人たちは幸福であると同時に「生産的」であることが可能でしょう。

心理的安全性が重要になっているのには「現代において成長を推進するのは、発想と創意あふれるアイデア」であり、その担い手が「ナレッジワーカー（知識労働者）」だという背景があると、エドモンドソンは指摘します。

「ナレッジワーカー」という言葉を生んだのは、ドラッカーです。ドラッカーは、「ナレッジワーカー」を、「マニュアルワーカー」と対置させました（＊）。

つまり、知識労働者とは、いわれたことをいわれたままにやるのではなく、自分の頭で考えて働く人を指す言葉です。二十世紀に発見された知識労働の比重はどんどん増し、二十一世紀の今では知識労働でない仕事など、ほとんど見つかりません。そして、知識労働者がより「生産的」であるにはどうすればいいかを探った先に、心理的安全性がありました。

それにしても「生産的」であるとは、どういうことでしょうか。「生産性」とは何を意味するのでしょうか。

「生産性」という言葉は好きでないという先生に、あらためて問いました。

先生は、リーダーとメンバーに限らず、あらゆる人と人との関係を、「生産性」で捉えてはいけないといいます。「生産性」とは、人間の価値を「行為」に求める言葉である。しかし本来、人間の価値は、その人の「行為」ではなく、「存在」そのものにあるのだから、と。

例えば、仕事では成果を出さなければいけないのは当然でも、今は仕事で成果を出せない若者と、いい関係を築き、若者を育てていかなくてはならない。そう考えたときに生産性を前面に出してしまうと、若者を育てるうえでも欠かせない対人関係を窮屈なものにしてしまう。若者との関係を損ねることにもなってしまう——。

先生は、生産性という言葉に、このような懸念を感じていました。

＊『The Age of Discontinuity』Peter F. Drucker

しかし、生産性を追い求めたはずの経営学が行き着いた場所が、人間の幸福を探求してきた先生のリーダーシップ論と重なるというのは、どういうことか。

そんな問いかけに対して、先生はこう答えました。

生産性と創造性

社会心理学者のエーリッヒ・フロムは、「生産性」という言葉を「創造性」とほぼ同義で使っています。

一九〇〇年生まれのフロムは、一九〇九年生まれのドラッカーと生きた時代が重なります。

「生産的」とは、英語でいえば「プロダクティブ」ですが、フロムはこの言葉を「クリエイティブ」と、ほぼ同じ意味で使っています。プロダクティブの語源は、ラテン語の「プロドゥーケレ」であり、これは「前に進める」という意味です。

「生産的」というと、何か具体的な「モノを生み出す」ことのように捉えることが多いと思いますが、語源をたどると、自分の内面や誰かの内面に「何かを生み出す」ということがプロダクティブであり、生産的であるということです。そう考えると、「生産性」や「生産的」という言葉を「創造性」や「創造的」と言い換えたほうがいいかもしれません。

「生産性」とは、「人間関係が創造的である」ことを意味すると考えれば、わかりやすいですね。

そのような意味で生産的であるには、エドモンドソン教授のいうところの「心理的安全性」が確保されていないといけません。

若い人がいうことを、はなからダメだと否定するような職場では、創造的にはなりえません。逆に、年長者が若者からどう思われるかを気にして、いいたいことをいえないという状況も、創造的ではありえません。「誰がいうか」ではなく「何をいうか」で判断することが大事です。

さらに、アドラーがいう「不完全である勇気」が要ります。リーダーであっても、間違うことがあります。そこで間違いを認めて撤退する勇気が必要です。そしてまた、若者に対して「不完全であっていい」ことを伝え、認めなければなりません。リーダーがメンバーに「不完全であっていい」と認めれば、メンバーがリーダーに対して「完全である」ことを求めることもないでしょう。

キーワードは「創造性」と「対等」、そして「不完全」です。

このような生産性についての考察も含めて、これまでの本書の議論から導かれる、現代のリーダーの役割とは、次のようなものであるでしょう。

◎部下（ないしメンバー）が創造性を発揮し、仕事にやりがいを感じられるという意味において幸福であれる環境を整えること。

リーダーとメンバーの間に対等の関係が成立するならば、チームは創造的で幸福になれる。それが、アドラー心理学と哲学、経営学の交点に見えるリーダーシップの一つの解であり、希望でもあると思います。

おわりに

かつては職場で上司が部下を叱ることは当たり前のように行われていました。しかし、そのようなふるまいがパワハラと名づけられると、それが駄目だという考えが広まりました。

三木清が次のようにいっています。

「習慣は伝統的なものであり、習慣を破るものは流行である」（『人生論ノート』）

ここで三木がいう「流行」とは新しい考えという意味です。

パワハラは駄目だという新しい考え方は伝統的な習慣にはありませんでしたが、パワハラという言葉の流行が上司は部下を叱るものだという習慣を打ち破ったのです。

打ち破ったはいいすぎかもしれません。怒ることと叱ることは別物である、大きな声を出して指導することは必要だと考える人は今も多いからです。そのような人でもこれまで自明のことだと考えられていたことを否定する考えを一度知ってしまうと、以前のように頭ごなしに叱りつけることはすぐにやめられなくとも、部下を叱りつけるときに少なくともためらいを感じるようになります。

叱ることがパワハラに通じるものだと理解しても、部下との対人関係の構えが依然として縦である限り、叱る代わりにほめればいいと考える人もいます。

なぜ、伝統的な習慣を変えることが難しいか。それは「内部のもの、旧いものの模倣」（前掲書）であり、従前のリーダーシップのあり方を踏襲することは容易だからです。こうして、リーダーになる人が前任者を模倣するところから習慣が形作られます。

しかし、長く続く習慣は時代の変遷に伴って形骸化していき、本書でも見たような弊害が起こってきます。伝統的な習慣を破るのが流行、つまり新しい考えであると三木はいうのです。流行は「外部のもの、新しいもの」（前掲書）を模倣します。伝統的なリーダーシップしか知らない人にとっては、なじみがなくすぐには受け入れられないことは当然なのです。

もちろん、新しい考えが正しいとは限りません。流行には文字通り流行り廃りがあって、一時的に受け入れられてもすぐに忘れ去られるものがあります。新しい考えを検証し、それを従前の習慣に替えうるものとして受け入れるためには、知的な判断が必要です。三木が「習慣が自然的なものであるのに対して、流行は知性的なものである」（前掲書）というのはこういう意味です。

私が本書で提示した考えは、アルフレッド・アドラーの創始した個人心理学です。この心理学は、欧米においてですら新しい考えと見なされ、時代を半世紀も一世紀も先駆けするといわれました。

アドラーは、次のようにいっています。

「仕える人と支配する人に区分することを頭から追い出し、完全に対等であると感じることは、今もなお困難である。しかし、このような考えを持つということが既に進歩である」（『性格の心理学』）

対等の関係は人類が初めて体験する対人関係のあり方であるといってもいいくらいです。しかし、アドラー心理学が一過性の流行ではなかったことは、対等な対人関係がリーダーと部下との関係を含め、あらゆる関係が良好であるために必須の条件であることを多くの人が認め、実践してきたことから明らかです。

対等の関係が「今なお困難」であるというのは今もアドラーの時代とは変わらないかもしれませんが、アドラーが知らずに亡くなった第二次世界大戦のことを知っている私たちには、世界を変える責任があると思うのです。

ムッソリーニの称号はDuce、ヒットラーの称号はFührerでした。これはいずれも指導者、リーダーという意味です。私がリーダーにカリスマはいらない、リーダーであるために強い力を持つ必要はないというとき、独裁者たちの顔が思い浮かびます。

リーダーは何事も自分で決めなければならず、その決定には責任が伴います。誰かの指示を仰ぎその指示通りにするほうが楽だと考える人は、リーダーになることをためらうかもしれませんし、自分が部下であるときに指示されるほうが楽だったと思う人は、支配的なリーダーになるかもしれません。

本書で私が明らかにした民主的なリーダーシップは、リーダーと部下が完全に対等であることが前提です。対等の関係を一度も経験したことがない人にとっては、それがどういうものであるかを知るのは夏の暑い最中、冬の寒さを想像するような難しさがありますが、本書を手にしてくださった方は、対等の関係をなんらかの仕方で経験されていると思います。そうでなくても、本書を読むことで対等の関係について知り、対人関係のなかでどうふるまえばいいかを考えることが、アドラーの言葉を使えば「既に進歩」なのです。

二〇二一年十一月

岸見一郎

岸見一郎　きしみ・いちろう

1956年、京都生まれ。哲学者。京都大学大学院文学研究科博士課程満期退学（西洋哲学史専攻）。著書に『嫌われる勇気』『幸せになる勇気』（古賀史健と共著、ダイヤモンド社）、『ほめるのをやめよう』（日経BP）、『幸福の哲学』『人生は苦である、でも死んではいけない』（講談社）、『今ここを生きる勇気』（NHK出版）、『不安の哲学』（祥伝社）、『怒る勇気』（河出書房新社）。訳書に、アルフレッド・アドラー『個人心理学講義』『人生の意味の心理学』（アルテ）、プラトン『ティマイオス/クリティアス』（白澤社）など多数。

小野田鶴　おの・たづ

日経ビジネス副編集長。東京大学法学部卒業後、日経BP入社。日経レストラン記者などをへて、日経トップリーダー編集部で別冊書籍の企画・編集を担当。2020年から日経ビジネスの別冊書籍を担当。著書に『星野佳路と考えるファミリービジネスの教科書』（日経BP）。

叱らない、ほめない、命じない。
――あたらしいリーダー論――

2021年12月27日　初版第1刷発行

著者	岸見 一郎
	小野 田鶴（構成・編集）
発行者	伊藤暢人
発行	日経BP
発売	日経BPマーケティング
	〒105-8308 東京都港区虎ノ門4-3-12
ブックデザイン	小口翔平＋後藤司（tobufune）
制作	クニメディア
校閲	円水社
印刷・製本	図書印刷

ISBN978-4-296-11136-7